近藤勝重

60歳からの文章入門

書くことで人生は変えられる

GS 幻冬舎新書 686

はじめに
あなたの半生を物語ってみませんか

60歳。会社などを退職される人にとっては、否応《いやおう》なしに「自分―仕事＝？」の答えを求められる年齢です。引き続き同じ会社にとどまって働くにしても、あるいは他社に転職するにしてもそれは限られた年数でしょう。

長寿社会になって手に入れた第二の人生、いや、そういう当たり前の受け止め方ではなく、むしろこれからが第一の人生だ、と思い描いていた自らの世界を視野に羽ばたいてください。そして効率と数値優先の社会で犠牲にしてきたであろう人間らしさを取り戻してください。

いずれにしても60歳になられたみなさんは、還暦とともにゼロから再スタートの後半生に入るわけです。それは組織の一員として、自分を殺すタテ型社会の人間から、自分の個性（パーソナリティ）を生かすヨコ型社会の人間へと生まれ変わることを意味するわけで、日々のありようも大きく様変わりするでしょう。

そんな状況の変化にどう対処するか。そして新しい自分とどう出会うか。理にかなった答えは容易には求められないかもしれませんが、仕事と家庭の両立など、何かと難しい現実に直面したであろう半生を「書いて」考えるのが一番では、と僕には思われます。エッセイであれ人生の処方箋や人生語録であれ、あるいは自分史であれ、とにかく書き始めてみましょう。

そして印象に残るエピソードを一編書き上げる。その一歩一歩が脳を刺激し、やる気を引き起こすことができれば、文章を書く苦もやがては楽しみへと変わっていくのではないでしょうか。

と同時に、自分がそれまでさして意識していなかった持ち味などにもあらためて気づき、それが自己変革につながって、前半生とは違った個性的な生き方を与えてくれるのでは、と思われます。

あえて言うまでもないでしょうが、この世にあなたという人間はあなたしかいないのです。さらに一言、言い添えれば、あなたにとって今日より若い日はないということです。そんな自分を冷静に観察しつつ、自らの半生を物語れば、その作品は老後へのエールとしての価値をも持ち得るはずです。

僕は新聞記者時代、短い文章を書くのにも苦労していましたが、そんなある日、谷川俊太郎氏の「平和」という詩の一節に触れ、文章を書くうえで大切な啓示を受けました。

平和
それは花ではなく
花を育てる土

（谷川俊太郎「平和」『自選 谷川俊太郎詩集』岩波文庫）

そうか、花は平和の象徴だけれど、農作物と同様、土に根を張り、養分を得て咲くわけだから、平和を育てたのは土だということになるわけか……。

そして思ったのは、体験したことに自分自身が深くつながり、そうして得た新たな気づきや、ふと思い浮かんだインスピレーション、すなわちひらめきがそのまま肥沃《ひよく》な土壌となって作物と同様、文章を生み出し育てているのでは、ということでした。

その後、文章関係の本をいろいろ書いてきたこともあり、出版社やＰＴＡ関係から文章教室の講師として声がかかり、毎日新聞の専門編集委員当時は母校の早稲田大学の大学院政治学研究科で「文章表現」の授業も丸6年担当しました。いずれの場でも、土と作物と作文の話は受講者の印象に残ったようでした。

ともあれ半生を顧《かえり》みて思い出される我が姿は、良くも悪くも忘れ難い体験の一つ一つとともに生身の自分を物語っているに違いありません。

ですが、自分を文章化する際の日本語というのは、国語の先生でも手に余る難解な文法をはじめ、書きたいことをどう組み立てればいいのかなど、文章表現にともなう問題が多々あります。この本では学校では教わらなかった文章作法にも触れ、文章力のつく問題もたくさん載せました。

そんな次第で本書は、①話材をテーマにした「どんなことを書きますか」と、②文法にもこだわった「どんなふうに書きますか」、③体験にともなう「『気づき／ひらめき』脳トレ問答集」の3章構成になっています。

本書は、書かれたものがあなたならではの半生を物語り、かつ後半生の生き方の話題にもなるように、と願いつつ書き下ろした一冊です。ご一読いただければ幸いです。

60歳からの文章入門／目次

第2章　どんなふうに書きますか　75

DTP 美創

第1章 どんなことを書きますか

言葉と文字と文章と

言葉を選択する力

とりあえず、頭のトレーニングから始めましょう。当年とって60歳といっても、頭はまだまだ柔らかいでしょうから、問いに対する答え、大いに期待しています。

作家の井上ひさし氏（1934－2010）が丸谷才一氏（1925－2012）との対談で話していたことですが、フランスのバカロレア（中等教育修了時の国家試験。合格者は大学入学資格が与えられる）の試験で、こんな問題が出たそうです。

「いま夜のセーヌ川をきみが散歩していたら、若い女性が飛び込み自殺をしようとしている、これを言葉で引き止めなさい」

井上氏によると、出題者は哲学者のアランで、最も短くて端的な解答作成者はフランスの小説家で第二次大戦後は情報相・文化相も歴任したアンドレ・マルローだったとか。

マルローの答えはこうでした。

「結婚してください」

これは『文藝春秋 特別版 言葉の力』(2005年3月臨時増刊号)に収められた話ですが、忘れがたい内容なので取り上げた次第です。さて、あなたならどんな言葉で自殺を引き止めますか。

いい言葉、思いつきそうですか。意表を突くマルローの一言はさすがですね。言葉の力をあらためて感じました。

その場の状況をとっさに判断しての言葉の選択。これは表現力、ひいてはみなさんがこれから身につけようとしている文章術にも通じるものですよね。

僕の周辺ではこんな答えがありました。

「死ぬ意味がわかりませーヌ」

「『ひかり』はダメでも『のぞみ』がありますから」

などとポンポン飛び出した言葉は、どこかで聞いたことがあるような冗句ですが、なかにはこんな言葉もありました。

「生きたいと思うから、死にたいと思うんじゃないかな。生きていきましょう」

「いずれはあちらの岸へたどり着くのが人間の運命です。何も急がなくてもいいんじゃないですか」


ほか、いろいろありましたが、自殺したいと思っていた僕の知り合いが実際に体験した話を紹介しておきましょう。

彼は仕事に行き詰まって、本当に死んでしまいたいと、大阪にいるお母さんに電話しました。

「もうあかん……死んでしまいたい」

ぼそっとそう言うと、お母さんはこう言ったそうです。

「あんた、よう行ってる回転寿司の今度の特別メニュー、知ってるか？　ウナギやで！」

彼が、「えっ……？」と思っていると、お母さんは「ウナギ！」と声を一段と強めて、念押ししたというのです。

「『死にたい！』って言ってる人間にこんなこと言いますか？」と彼は苦笑して続けました。

「『ウナギ！』と念押しされた途端、なんか笑えてきて……。妙なもんですねぇ、死にたい気分がすーっと遠のいたんですよね」

お母さんは、「特別メニューのウナギを食べないで、あんたは死ぬつもりか！」と本気で言ったのか、それとも深刻そうな息子の話を冗談まじりでかわそうとしたのかどうか。そのあたりのことはわかりませんが、ともあれ大阪のお母ちゃん、心のありようを素早く読み取り、人情の機微を心得た言葉をどこでどう返すか。そういう勘の良さにたけているのは確かですね。

文章は最高の自己表現

つねづね僕は文明・文化の知的遺産として第1に言葉、第2に文字、第3に文章を挙げています。

「インターネットは？」などの声も当然あるでしょうが、たとえば物理学者や化学者らがどんな素晴らしい発見をしても、文章でわかるように説明（解説）しなければなりません。そういう意味でも、文章は自己表現の最たるものなのです。

コロナ禍以前の5年ほど、幻冬舎（東京都渋谷区）で年に2回春・秋に文章教室を開いていましたが、実際に受講生のアンケートを読んでも、50歳の主婦から70代の会社社長まで、書く意欲にあふれていました。

「自分史が書きたい」

「頭の中をこねくり回してでも、自分らしい文章を書きたい」

「仕事で感じた怒り、憤り、そして哀しみの思いを綴りたい」

「自分が考えて表現したことが伝わり、広がると嬉しい。とにかくみなさんに読んでいただける文章が書きたい」

「文章を書いていると、生きる意欲がわく」

あるいはこんな一言だけの決意表明も。

「書くぞ!」


とにかくみなさん前向きでした。

本書を手に取られた方々も、きっと負けず劣らず書く意欲に燃えているのでは、とお察しします。この本が手放せない一冊になるよう、僕も「書くぞ!」です。

次節からは、その文章教室で受講生に配布していた「作文10カ条」を紹介して、文章術の本論に入りたいと思います。

「思うこと」より「思い出すこと」を書く

作文10カ条

幻冬舎での文章教室では、最初に僕なりにまとめた「作文10カ条」をプリントして全員に配布していました。

①何よりも見方。脱社会通念。独自の視点を心がけ、誰も書いていないことを書こう。
②常日頃の通俗的な事柄に人間のいじらしさと真実を見つけよう。
③「思うこと」より「思い出すこと」。論よりエピソード。要は自ら体験したネタであれということ。
④主張より告白。自慢話より失敗談。それらを正直に書いて、人間的弱さをさらけ出

そう。

⑤起承転結は「転」のネタが勝負どころ。「起」は場面。「結」はさっと小粋に終わろう。

⑥「人間とは？」「生きていくとは？」「人生とは？」をいつも念頭に置いて細部に目を凝らそう。

⑦説明より描写。頭より心。頭は物事の筋道の理解にとどまる。心が納得し、うなずける文章を書こう。

⑧視《み》る。触る。触るように視る。眼でも聴き、耳で視る。さらに嗅ぐ。味わう。そうして初めて五感が活用できる。

⑨現在（今の状況の描写）、過去（背景などの説明）、未来（これからどうなる）の順を踏んで伝わる文章を目指そう。

⑩自分と人、物、自然との関係（距離）を描くこと、それが文章だと心得よう。

どれも文章術では欠かせないものですが、僕がとりわけ重視していたのは③です。『思うこと』より『思い出すこと』。論よりエピソード。要は自ら体験したネタであれということ」

この趣旨説明に、2時間の講義の半分近くを費やしていたほどです。

「思う」と「思い出す」の違いですが、辞書にはこうあります。

思う……胸の中で判断する。「僕はこう思う」

思い出す……忘れていたことや昔のことを、頭に思い浮かべる。「夏が来ると思い出す」

「思う」は体験とは関係なく、単に胸の中での単純な一つの判断です。比して、「思い出す」は文例にあるように自らが関わった体験や出来事などをともなう言葉なのです。

ついでながらの話ですが、以前、毎日新聞社主催の「親子で学ぶ作文教室」を開いた際に、「夏と聞いて思うことは」と子どもたちに問うてみると、「暑い」とか「かき氷」「花火」など、ほとんどが一言の短い言葉でした。

一方、「思い出すこと」では、「海へ行った」「北海道旅行に行った」などの具体的な答えが返ってきて、両者の違いは歴然としていました。

作文では「思ったことを書けばいい」といったことがよく言われますが、思ったことというのは具体的な言葉としてはなかなか浮かんできません。

「思い出す」は、体験した出来事が具体的に浮かんでくるので書きやすいのです。楽しかったのなら、その楽しさを、つらいと思ったのなら、そのつらさをエピソードなどをまじえて読む人に伝わるように書けばいいわけですね。

子どもたちに比べて、人生の折り返し地点を過ぎたみなさんの体験は、いざ書き出せば書き切れないほどあるのではないでしょうか。

さらに体験の日々は悲喜こもごもの出来事をともないます。それらは経験としても身についているでしょうから、年齢とともに体力、気力の衰えはあっても、知力や精神力のカバーもあって、人それぞれに人生の物語を育んでいるものなんですね。

体験は「気づき／ひらめき」の素《もと》

ここで、体験にともなう脳の働きに触れておきましょう。

体験したたいていのことは脳の言語、記憶などに関する中枢の側頭葉に長期保存されるので、思い出せばその体験を引き出すことができます。

ですから、体験を書けば文章も一般的な説明ではなく描写性を増し、読者の印象にも強く残ります。

これらの話でよく質問されるのは、みんな同じ体験をすれば、作文も同じような内容になるんじゃないかということです。

ありがちな質問ですが、同じドラマや映画を見ても、あるいはどんな風景を見ても興味の持ち方は人によって違いますよね。

ですからいくら同じ体験をしても、自分は自分、他者は他者。自分と他者が同じ作文を書くなど絶対に考えられないことなのです。

ところで先に紹介した「10カ条」ですが、③の「自ら体験したネタであれ」を最初に説明しておけば、①の「脱社会通念」、②の「人間のいじらしさと真実」、④の「人間的弱さ」、さらには⑥の「人生とは?」などはひとくくりにして説明できるんですね。

残る⑤⑦⑧⑨⑩はすべて文章作法上の事柄ですから、それは後半に説明させてもらいます。

いずれにしても文章は「思う」より「思い出す」ことなのです。とりわけ③は60歳からの文章術の根幹を成すと理解しておいてください。

僕は毎日新聞夕刊で週1回「しあわせのトンボ」と題したコラムを長年にわたって書いていました。それらのなかから本書の内容にかなっていそうなコラムを引いておきますので、文例の一つとして読んでもらえれば幸いです。

コラム　アジサイを振り返り眺めつつ

アジサイは日本固有の花だ。鎌倉時代に園芸化され、中国に渡り、その中国からヨーロッパに渡り、また日本に戻ってきたりしているうちに品種も増えた。それとともに色を変えたり、移ろう世や人の心の無情をたとえる花になったりしたというのが僕の解釈だ。

それはともかく原種は小花の周りに四片から成る装飾花が額縁のように見えるガクアジサイ（別名：額の花）だが、僕らにおなじみなのは小花を密に集めて球形大の花となり、その花の色が七変化するアジサイである。

梅雨半ばの時期は花弁も色あせ、茶色に枯れかかっているものもある。手まりのような花が崩れていくのを目の当たりにするのは結構つらい。ここ数日は目をそらして通り過ぎている。

でも今年は、アジサイを眺めつつ気づいたことがあった。

台風一過の朝だった。夜来の強い風雨が気になって、近くの公園を歩きながら木や花に目をとめた。根こそぎにされた若い桜木も何本かある。バラ園のバラもあたりに花を散らしている。

そんななかでアジサイは何事もなかったように色とりどりの花をつけていた。よほど強くしなやかな幹や枝が支え続けたのだろう、一つとして花を落としていなかった。

そのことも発見には違いなかったが、少し歩を進めたところから振り返り見たアジサイには、それ以上の感嘆があった。近寄って目の前で見るより、ずっと風趣に富んでいるのである。とりわけ雨にぬれて黒ずんでいたり、ふわっとこけを浮かび上がらせている木立の幹に引き立てられて、一層清美な花に見える。

振り返るという行為には、現在に過去がちょっと入り込む感覚がある。そのぶん気持ちに余裕がある。目の届く範囲も、歩いた距離だけワイドに広がっているから、たとえば目を注ぐアジサイがあたり一帯でどんな位置にあり、どんなふうに調和を保っているのかといったこともうかがえるわけだ。

振り返ると、花木一つもこんなふうに違って見えるんだ。そう気づくと、いろいろ思うところがあった。

すぐ目の前の物事にだけとらわれていたら、全体も自分も見えなくなるんじゃないか。少し離れたところから顧みてこそよく見えるんじゃないか。それにこれまでのことをいろいろ思い出しても、後方を確認して前方の仕事に取り組み、なんとか乗り切ったじゃないかと思ったりもするのだった。こんな句を思い浮かべつつ。

紫陽花《あじさい》やきのふの誠けふの嘘　正岡子規

身のまわりの変化をとらえる

名門・灘中の入試問題

世の中は日々様変わりしています。

その変化の何にどう気づき、ひらめくか。文章を書くうえで、何よりも問われるところでしょう。

たとえば地球環境は年々、温暖化や異常気象の面で危ぶまれています。各国でどのような対策が取られるか、それは今後数十年にわたる人々の社会生活や経済活動に大きく関わってくるはずです。

その影響は、健康面においても無視できない問題をはらんでくるように思われます。

そのほかいろいろあって、四季の移り変わりも怪しくなってくるのでは、と憂慮されていた頃、僕も毎日新聞夕刊のコラムで、「サンダルからブーツ」と題して環境問題を取り上げました。

すると驚いたことに、その文章がそのまま2014年の灘《なだ》中学校の国語の入学試験問題として出題されたのです。コラムの全文が掲載され、問題は問一から問六にわたっていました。

全文を掲載しておきますので、みなさんもそれぞれの問題として向き合ってください。環境異変は年齢とは関係なく、人類全体の問題ですから。

次の文章は、昨年の夏の終わりに新聞に掲載されたものです。これを読んで、後の問いに答えなさい。

歳時記はぼくが一番よく手にしている本かもしれない。調べ事ではなく、気ままにめくっている時にいつも思うのは、1日本の自然の多様性と日本人の豊かな自然観だ。

たとえば風一つでも、春風／春一番／風薫る／南風／秋風／野分《のわ》き／木枯らし／空っ風……と四季折々の風にそれぞれ名称がついている。こんな国が他にあるだろうか。

日本が熱帯と寒帯の間の温帯にあり、かつ大陸の東側、大洋の西側という位置ゆえの複雑微妙な気候に、自然も一体化して多様性を極めたのだろう。あわせて日本人の感受性も豊かになっていったのではなかろうか。

しかしそんな日本の天気が、近年どうもおかしい。今夏など、40度前後の猛暑に加え、豪雨も少雨の地方もあって、異常気象もいいところだ。「暑さ日本一は○○」とか、[2]猛暑ビジネスの盛況ぶりといった話題はしばしばテレビのニュースのトップを飾ってきた。それはいいとしても、異常気象とその対策についての情報はどうなんだろう。地球の発熱状態については、高気圧や海水温の情報もさることながら、経済活動とのかかわりなど、もっと論じられていいように思える。

文明が進めば人間は自然に手をつけ、経済活動はますます盛んになる。このことは海からの風をさえぎって、湾岸部に林立する大都市の高層ビル群を見れば瞭然だ。

経済成長。[3]何とおおらかな響きをもって聞こえることか。アメリカなども環境より景気の国であるらしい。しかし地球が受け入れられる経済活動の規模は、すでに限度を超えているのではなかろうか。それが各国による温暖化対策のそもそもではなかったのか。次世代を見据えた「持続可能な開発」というテーマは今、どうなっているのか。

このあと日本は長い残暑で、秋は惜しむ間もなく去っていく。春も長く残る寒さのせいで、やはり短く感じられる。放送局で働く知り合いの女性が、いみじくも言ったものだ。

「サンダルをぬぐとブーツなんです。」

すでに［ア］季は［イ］季になりつつあるということか。

（近藤勝重「サンダルからブーツ」による）

問一 ——線部1「日本の自然の多様性」をもたらしたものは何だと筆者は考えていますか。問題文中の語句を用いて二十字以内で答えなさい。

問一　――線部2「猛暑ビジネスの盛況ぶり」の具体例を、自分で考えて答えなさい。

問三　――線部3「何とおおらかな響きをもって聞こえることか」とありますが、この表現にはどのような批判がこめられているのですか。説明しなさい。

問四　［ア］・［イ］に入れるのに最も適当な漢数字を、自分で考えて答えなさい。

問五　══線部「春一番」とありますが、次のア〜オの言葉を季節の順に並べかえて、記号で答えなさい。ただし、ア（春一番）が最初にくることとします。

ア　春一番　イ　麦秋《ばくしゅう》　ウ　野分き　エ　小春日和　オ　菜種梅雨

問六 〰〰線部「トップ」は「一番目」の意味ですが、次の1〜5の外来語の意味を、後のア〜クから選び、記号で答えなさい。

1 ステップ　2 トリップ　3 ギャップ
4 グリップ　5 スリップ

ア すべること　イ 食い違い　ウ 小売店　エ 上がること
オ 包むこと　カ 握りの部分　キ 旅行　ク 足の運び

解答例

問一 日本列島の位置ゆえの複雑微妙な気候。
問二 (例) クールビズ用の衣類がよく売れること。
問三 経済成長という名のもとに、地球の環境破壊がおこなわれていること。
問四 ア 四　イ 二

問五　ア―オ―イ―ウ―エ
問六　1ク　2キ　3イ　4カ　5ア

（「平成二十六年度　灘中学校入学試験問題　国語　一日目」）

どうでしたか。感想はそれぞれでしょうが、いずれにしてもこういう問題が全国でも一、二を争う最難関の私立中学で出題されるということ自体、地球温暖化へ問題意識を、とうながしてのことでしょうね。

「四季OKのワンピースを買いました」

この地球温暖化に関しては、知り合いの女性がこんな話をしていました。
「服を買うときに店員さんから『オールシーズン着られますよ』と言われると、ついどれどれとなってしまって、先日、四季OKのワンピースを買ってしまいました。春と秋は中にTシャツを着てのワンピース。冬が近づくと中にセーターを着てのワンピース。もっと寒くなるとセーターにデニムをはき、その上にワンピース。外出のときはコートを羽織れば大丈夫です。オールシーズン着られるものは昔から売っていますが、最近はとくに重宝するんですよね」

四季が二季に――。二季は夏と冬というわけでしょう。各メーカーもその気づきから、季節の異変を読んで自社ブランドづくりに余念がないであろうことは、容易に想像がつきます。

ここで、当時、毎日新聞夕刊に書いたコラムを引いておきましょう。

コラム 天気は天の気

「春と秋とが短くなっているというのは感じの問題ではない。月平均気温のデータでも明らかだ」と知り合いの気象予報士が教えてくれた。なんでもここ10年間、2・3月と9・10月の気温の上がり方が最も大きいのだそうだ。

春は早々と終わって、暑い夏がすぐにやってくるだろうが、それにしても夏場の天気予報は暑い、暑いと言いすぎる。お愛想でもいいから、「夕方には軒に涼風が立つでしょう」とか、「日中は木陰に入ってそよそよと吹く風を楽しんでください」ぐらいな言葉が添えられないものか。

いや実際、テレビなどは日本列島に真っ赤なお日さんマークを並べて、いささかオーバーじゃないかと思えるほど、暑さを強調する。

もちろん、僕らの体調など健康面をいろいろ気遣ってくれてのことと承知しているが、過剰気味の予報は何やらつらい。気がめいる。外に出るのもおっくうになるし、困ったものだと思っていたのだが、最近は天気に対する覚悟のようなものが予報に応じてできているのに気づき、必ずしもそうとばかりは思わなくなってきた。付け加えて言うなら、こういうことだ。

たとえば激しい暴風雨の天気予報に、ああ嫌だと思ったところでどうなるものでもない。空模様がどうあれ、仕事で出かけなければならない以上、覚悟を決めるほかはなく、結局はそれ相当の格好をして外出することになる。しかしこれが案外、年とともに衰えつつある気構えや気力を高めてくれている、と思えるようになった次第だ。

ちなみに「お天気屋」という言葉がある。機嫌や気分の変わりやすい人をいうのだが、そもそも空模様につれて心模様まで変わるのが人間なら、この際、天気に順応していい意味での「お天気屋」に、とも思ってみたりする。

「雷をともないながら、激しく雨が降るところもあるでしょう。明日からあさってにかけ、天気は荒れますのでご注意ください」

そんな予報がテレビから流れる朝、心の中でこうつぶやいて家を出た。

雨の降る日も日が照る日も、天気は天の気、天の精気。今日一日の元気も、おてんとう様からいただこう、と。


それにしても、季節の様変わりは人々のライフスタイルを大きく変えそうです。とりわけ「サンダルからブーツ」という女性の言葉には、地球温暖化への危惧がすでに端的に示されているわけですよね。

と同時に、そうした地球環境のこの異変は、老年の方々の日々のありように大きく関わってくるのでは、と案じられてなりません。

当たり前のことに疑問を持つ

灘中の試験問題に触れた際に、灘高校で国語の先生として21歳から50年間教壇に立ち、101歳で亡くなる2年前の2011年に再び教壇に立って話題になった橋本武先生のことを頭に浮かべていました。

「当たり前のことに疑問を抱くことが『考える』はじまり」

先生が著した『日本人に遺したい国語』(幻冬舎)にも出てくる有名な言葉です。

要は何事も当たり前に思わず、せっかく抱いた興味や関心をそのまま放置しない生き方を説いているわけです。同書にはこんな短歌も遺しています。

今日もまた　今日といふ日に会へたのだ！　頑張らなくちゃと思ひつつ起き

この一首にうなずいて間もない頃だったと思いますが、市役所に長年勤めていた同郷の友人に近況うかがいの電話をかけ、日々の生活ぶりを聞いてみました。

僕と同じ愛媛県は別子銅山のふもとの町で育った男ですが、「夕焼けの空は仕事が終わる頃、窓から目にしていたけど、朝焼けに染まる空は見たことがない」と言うのです。

「退職後に取り戻さなければならないのは朝の時間と自分自身だよ」と僕は明るむ空の魅力を長々としゃべっていました。

東京湾がのぞめる海沿いに住んでいるので、海の青と画して赤みを帯びた紫色の雲のたなびくさまを感嘆まじりで口にしたのが印象に残っていたのでしょう。後日、彼から「どうやら朝焼けを見られる時間と自分自身も取り戻せそうです」と書かれた手紙をもらいました。「いいところに気がつきましたね。窓から海を見ていると、さざ波が朝日を受けて、光の子が踊っているように見えるんです。その眺めがまたいいんですよね」と、返事に書いておきました。

そうそう、僕は夕刊でコラムを書くようになって以後、「気づきメモ」を作り、その日そのときにふと気づいたことやパッとひらめいたことを書き留めています。ちなみに左のコラムはそのノートのメモをもとに毎日新聞の夕刊に書いたものですが、本書にふさわしい内容に思え、再録しました。

何にどう気づいてのコラムなのか、読み取ってもらえれば幸いです。

コラム　人生の三角ベース

僕の住むマンションはコンビニと郵便局が両隣にある。玄関から歩いて数歩先にはバス停もある。

訪ねてきた友人らは「便利な所に住んでるなあ」とあたりを見回し、「老いてもこならなんとかなりそうだ」などと軽口をたたく者もいる。

確かに便利だ。コンビニには日用品や飲食物を買いに何かと足を運ぶ。郵便局も仕事柄、利用頻度は高い。バス停は、仕事先へ急ぐ日など満員のバスに乗り込んでいる。

しかし便利だといってもそれだけのことだ。それより興味深いのは、それぞれに流れている時間の違いである。

たとえばコンビニでは、1日24時間がちゃんと流れている。朝は朝の、昼間は昼間の、夜は夜の品揃えにもぬかりはなさそうだ。

郵便局では、遠くへ荷物を送っている人もいれば、地名を挙げて速達なら何日で届くかと確認している人もいて、日々を超えた時間が流れている。コンビニが決まり決まった生活なら、郵便局には歳月とともにある人生が感じられる。

バス停はただただ慌ただしい。時刻表を見ればわかる通り、流れている時間は分刻みだ。

一分一秒に変わりはないが、時間の流れ方はそれぞれに「時感」と当て字で表したくなるほど感覚的に異なる。

レジ前、窓口、乗客の列と、同じように並んで待っていても、郵便局の窓口で並ぶのはさして苦にならない。飾られている「県の花」や全国各地のお城の切手を見たり、あるいは各地の四季折々を写す展示物などを眺めたりしながら、ふと少年の日を思い出したりする。これすべて、時感のせいだろう。

僕は別子銅山のふもとで生まれ育った。家は駅前で、すぐ近くに山から運び込まれた鉱石の置き場があった。鉱石がトロッコから貨車に運び込まれた後はちょっとした広場になるので、ソフトボールをしてよく遊んだ。ボールが見づらくなる日暮れ、「ご飯よー」と呼ぶ母の声を聞いても帰る気がせず、再び「ご飯よー」と呼ばれるまで三角ベースを走り回っていた。

今はコンビニ、郵便局、バス停が日々の三角ベースとなったが、人はみな老いれば暇になる。三角もやがては二角、一角に……いや、そのときは暇にまかせて四方八方にベースを広げてみるか。

この時間の流れについてのコラムをあらためて読んで思い出したことがあります。

臨床心理学者の河合隼雄《はやお》（1928-2007）、詩人の谷川俊太郎両氏の共著『魂にメスはいらない―ユング心理学講義―』（講談社＋α文庫）で国語学の第一人者だった大野晋《すすむ》氏（1919-2008）が「時」について次のような説を唱えていた、と谷川氏が紹介していました。

……「時」は「解く」と同じ語源じゃないかとおっしゃるんです。「ひもがほどける」とか「氷が解ける」とか、そういうふうに日本人は時間というものをとらえていた――

そうか、時がたてば問題はおのずと解決でき、わからなかったこともわかるようになり、問題だって謎だって解けるようになる……春がくれば、ぶ厚い氷も薄くなる……なるほど、なるほどと感じ入ったもので、僕の「時間は時感」というのもどこか「時＝解く」の大野説と響きあう感を覚えたものです。

また文章を書く苦労も「時」が「解く」となれば、「60の手習い」で文章を、という方々にとっても励みになりそうに思われます。

歩くと「気づき／ひらめき」が得られる

僕は文章に行き詰まれば、場所を問わずぶらぶら出歩くようにしています。

「私の頭は足と一緒にしか進まない」と言ったのはジャン＝ジャック・ルソーです。多くの脳科学者がひらめきを得る時と場に「何の目的もない状態にあるひととき」とか「リラックスできる環境」などを挙げていることからすると、ルソーの言葉は理にかなっているわけですね。

不思議なもので、外を歩いていると、書くべきことが天空のささやきのように頭上から降りてきたりもするんです。脳内でのリラックスとインスピレーションの相互作用がもたらしてくれるのだとしても、実にありがたいものです。

それはそれとして、「気づき／ひらめき」が得られる場所については、中国で昔、欧陽脩《おうようしゅう》という人が鞍上《あんじょう》、枕上《ちんじょう》、厠上《しじょう》と唱え、それが「三上の説」として伝わっています。

「鞍上はいま様に言うなら通勤電車の中である。枕上は床の中。厠上はトイレの中」と、お茶の水女子大学名誉教授の外山滋比古《しげひこ》氏（1923－2020）がベストセラー『思考の整理学』（ちくま文庫）でお書きになっていました。

夢中・散歩中・入浴中

外山氏はさらに『アイディアのレッスン』（ちくま文庫）で「三上」ならぬ「三中」説もあると断って、「夢中／散歩中／入浴中」を挙げておられましたが、この「三中」も僕には思い当たります。

この本に出てくるフランスの思想家・モンテーニュの「わたしの思想は歩かせないと眠る」という言葉も、わかるような気がします。

という次第で、文章を書く際に立ちはだかる壁はいろいろさまざまな手立てで乗り越えられます。これは信じていいことだと思われます。

あなたを包む人・物・自然との関係性に脳と連動する心が反応すれば、おのずと文章も湧き出てくるものです。

そのほか、書いている題材に即して誰かと談笑するのもおすすめです。知らない情報を得られたり、なるほどそういう見方もあるのか、といった気づきを得て、さらにひらめきももたらしてくれた体験を僕は何度かしています。

ついでながらの話ですが、大学での授業で、「みんなはどんなときにひらめきを感じ取りますか」と学生たちに尋ねたところ、「退屈な授業中」と答えた学生が何人かいました。

爆笑を誘ったその答えに、「今日はたくさんのひらめきが感じ取れたのでは」との一言とともに、授業を終えたことがあります。

そうそう、余計なことを書いているうちに大事なことを書き忘れていました。中間子理論で日本人初のノーベル賞を受賞した湯川秀樹博士（1907－1981）の着想の場は寝床だったそうなんですね。

ただ、気づきもひらめきも偶然性よりむしろ、それまでの体験や知の蓄積によりもたらされているのではないか、というのが学者先生の共通した声のようです。そういえばエジソンの次の名言は有名ですよね。

「天才とは1%のひらめきと99%の努力である」

これからの生き方を文章にする

文章に行き詰まったら、外に出るなど行動に移す。先述の通り、もちろんこれも大切なことに違いないのですが、僕はそういうことともに、一息入れるということも大切なのではと思っています。

「休む」の「休」は人が木にもたれかかっているのが字源だそうですが、そうして心や体を楽にするということも次へと進む作業上、必要なことではないでしょうか。

銀座でクラブを経営するかたわら、作詞家、さらには文章家でもあった直木賞作家の山口洋子さん（1937－2014）は、僕がお会いしたときは車椅子に乗っておられましたが、「樹教」という言葉を大切にされていました。

彼女のエッセイ『生きていてよかった』（文化創作出版）の「樹教」と題したあとがきはこんな文章で綴られています。

ときどき樹を見るのだ。ゆっくりと見あげたり、近くに寄って葉づれの音を確かめてみる。

悠々とものいわぬ樹は、生についていろいろなことを語ってくれる。一粒の種からじっと動かぬことを運命づけられ、枝を伸ばし葉を広げ、これまでになった人生ならぬ樹生。風の強い日も、粉雪の舞う冬も、かんかん照りで耐えきれぬ陽差しの盛夏もあったに違いない。しかし樹はいまここにあり、いかにも頼もしく力強く、しかも優しく生の営みを続けている。

生きていてよかった……、そういう風に思えるのは生命への実感と感謝である。

激しい山波に翻弄《ほんろう》されつくしたからこそ、ほどほどとさり気なさのよさも、有難みも心底から判ったのだと思う。

僕も疲れたなあと感じるときは樹教にすがることがあります。60代後半、夕刊にこんな文章を書きました。

コラム 木と風と光の森で

東京に木枯らし1号が吹いた日、僕が足を踏み入れていた森も木々がざわざわと音を立てていた。

風のない日の森では、はらはらと舞い落ちる大きい木の葉と羽のようにくるくる回りながら落ちてくる小さい葉を見比べたり、ただぼんやりとした時間が流れるのに、その日はちょっと違った。

山桜が群生するところに僕はいたのだが、強い風に鳥がキキィと鳴くつど、日の光が乱反射して、紅、黄に色づいた葉っぱがきらきらと乱舞する。足元の落ち葉も風にあおられて、ザザザと波のように押し寄せ、地上でぐるぐる回っていたかと思うと突然上空に舞い上がっていった。

かつて人はほかの動物とともに森の奥に住んでいた。やがて平地に下りて集団化するが、森を離れたことで人間は数々のゆがみを抱え込むことになる。

天と地が木と風と光の空間を押し広げる森の中にたたずんでいると、軽はずみに生きてきた自分が今、強くて優しくて、とんでもなく大きい生命に包み込まれている、そんな感覚にとらわれることがある。それは森の子としての自覚でもあろうか。

「理科」の時間であったか、水源としての役割や、二酸化炭素を吸収し酸素を供給するといったもろもろの森の働きについて習った覚えがある。今そのことを思い出して、人間の心魂に触れてくる働きこそが、まず挙げられなければならないのでは、と思ってみたりする。

そびえ立つスズカケノキの黄葉が散り果てるまでにはまだ間がありそうだ。すでに葉を落としている木もあるが、春になるとこれらはすべて新緑で装い、一気に若返る。

それに比べて人の命のなんとはかないことか。夏の終わりに同僚ががんで亡くなった。奥さんは電話口で「秋風の中を一緒に歩きたかったのですが、9月の青空を見て、もういいかと思ったのでしょうか」と話していた。

中年期を人生の秋という。僕など、もうそこまで来ている冬を感じる年齢だ。樹齢何百年の巨木や古木を見上げては、ああ……と声をもらし、生きているとはこういうことなんだと思う一方で、同じくらいの悲しみを覚えている自分がいる。そしてこれが人生なんだな、とつぶやいている自分もいる。

僕は一歩一歩、足元を踏みしめるように森の出口へ向かった。さっきから同じ言葉を二度、三度、胸の中でつぶやいている。

大丈夫、なんとかなるさ。

鳥がまたキキィと鳴いた。一陣の風が吹き抜けたようだった。

60歳を過ぎると、来し方行く末にさまざまな思いがこもるものです。ですが文章というのはありがたいものです。それなりにこれからにつながる生き方を思い浮かばせてくれるんですね。

それが一種の諦念であれ何であれ、気持ちを整えてくれます。今後の指針をもたらしてくれる樹教——山口さんが亡くなられて何年もたちますが、この言葉は毎朝、近くのケヤキの下に立って、二度三度、深呼吸をするつど頭をよぎります。

読むだけで上達する藤沢周平作品のすすめ

村上春樹も文章のうまさを絶賛

ところで、みなさんはどんな作家が好みですか。

僕は中年期から藤沢周平氏の本をよく読んできました。「人は最後には良寛さんに帰る」と言った人がいましたが、僕は年を重ねるつど藤沢氏の小説やエッセイに帰っていった感があります。

若い頃は、酒場に人生があると思ったことがありますが、40、50と年を重ねるとともにいろいろわかってくるんですね。

行きつけの店のざわめきに身を置いても、空虚な思いにとらわれる日が増え、おのずとネオン街から遠のいていました。

酒色には耽溺《たんでき》すると言いますが、僕が藤沢氏の小説に耽溺していたのはその頃からです。文章がいいんですね。村上春樹氏が、戦後で一番文章のうまい小説家の一人に藤沢氏を挙げていました。

藤沢氏は1997年の1月に亡くなりました。69歳でした。

丸谷才一氏の「小説の名手、文章の達人」と題した弔辞にはこうありました。

藤沢周平の文体が出色だつたのは、あなたの天賦《てんぷ》の才と並々ならぬ研鑽《けんさん》によるものでせう。あなたの言葉のつかひ方は、作中人物である剣豪たちの剣のつかひ方のやうに、小気味がよくてしやれてゐた。粋でしかも着実だつた。わたしに言はせれば、明治大正昭和三代の時代小説を通じて、並ぶ者のいない文章の名手は藤沢周平でした。

（丸谷才一「弔辞　小説の名手、文章の達人」『文藝春秋　完全保存版　藤沢周平のすべて』平成9年4月臨時増刊号）

さらにはこうもありました。

あなたの新作小説が出ることは、数多くの日本人にとって政変よりも株の上り下りよりもずっと大きな事件でした。なぜなら、藤沢周平の本はじつに確実に、新しくて楽しい一世界を差出し、優しくて共に生きるに足る仲間と、しばらくのあひだつきあはせてくれたからです。

（前掲書）

深く心打たれた名文

藤沢氏の半生は苦難に満ちていたようです。山形師範学校卒業後、地元の中学校で国語などを教えていたのですが、肺結核で東京近郊の療養施設に入院します。手術後、再び教壇に立てればと思っていたようですが、かなわず再度上京して業界紙の記者になります。

ほどなく入院中に見舞いに来てくれた同郷の女性、悦子さんと結婚、長女も生まれ、やっと人並みの生活ができるかと思っていた矢先、妻・悦子さんが長女を産んで8カ月後がんで亡くなるのです。28歳でした。

『半生の記』（文春文庫）にそのあたりのことが詳しく書かれていますが、僕が藤沢文学へ大きく傾いたのは、次の文章を読んで心を打たれたのがきっかけでした。

少々長い引用になりますが、お付き合いください。

そのころS—C（と記憶している）という薬があって、末期ガンの特効薬だと言われていた。私はワラをもつかむ思いで吉祥寺のU医院をたずね、薬の発見者であるU院長に会った。院長は私の話を聞くと、S—Cを使えば必ずなおるから心配せぬようにと言った。わたしは日本医科大病院に引き返してそのことを話したが、主治医は気の毒そうに当病院ではその薬は使えないことになっていると言い、しかしどうしてもその注射をやりたいというのであれば、やってくれる病院があるから紹介すると言った。親切な医師だった。紹介してもらった病院は、品川区・旗の台にある昭和医大病院だった。

悦子を車にのせて、昭和医大病院に転院して行った日のことも忘れることが出来ない。夏の終わりに近いその日は、日の光こそやや白っぽく感じられたが、外気は暑かった。私は悦子に藍《あい》の花柄の新しい浴衣を着せ、帯をしめてやって車にのせた。途中昭和通りで車をとめ、教えられた店でS－Cの注射薬を買った。薬は患者が買って病院に持って行くのである。特効薬は高価で、心ぼそい思いをしたこともおぼえている。車にもどって疲れたかと聞くと、悦子は大丈夫だと言った。

たどりついた昭和医大病院では、医師も看護婦も親切だった。治療のしようもない病妻を献身的に看護してくれた。子供は田舎に預けたので、私はそこから会社に出勤し、夕方には病院に帰る生活をつづけた。しかしそれからふた月ももたず、昭和三十八年の秋に悦子は亡くなった。二十八歳だった。

負の人生を生き抜く

藤沢氏の作品は、時代に翻弄されながらも負を生き、かつ生き抜く物語だ、とはしばしば評されるところで、僕もそう思います。

そして、ここにこうして愛妻との死別を氏の文章で書き記すと、あらためて一筋の光を求めて苦難を生き抜く物語の根源を思い知らされるのです。

お上に逆らえなかった江戸時代は、同時に剣をおいて語れる時代でもありませんでした。

藤沢氏の才筆を丸谷氏が弔辞で剣の使い手然として語っていた通り、どの時代小説も剣戟《けんげき》の場面になると、想像たくましくして読んだものです。

以前、NHKのあるラジオ番組で作家の宮部みゆきさんと藤沢作品について雑談を交わしていたとき、宮部さんは明るく笑いながら、こんなことを言っていました。

「私、平四郎さんのお嫁さんになりたい！」

僕は笑って受けましたが、藤沢氏の描く『よろずや平四郎活人剣』（文春文庫）は、仲裁屋として江戸の町をさっそうと走り回る男の痛快劇で、宮部さんがファンになるのもよくわかるのですが、ここではその下巻から、藤沢氏の手になる平四郎の殺陣のシーンを紹介しておきましょう。

斬り合いながら、相互に致命傷をあたえるに至らないまま時が経った。平四郎は袖が破れ、脇腹をかすられて、そこも衣服が裂けた。乱れた髪が、汗のためにべっとりと額に貼りついている。

勘十郎もあちこち着ている物が破れ、惨憺《さんたん》とした恰好になっている。だが青眼にもどした剣を構えた姿は微動もしていない。まばたかない眼が、つめたく平四郎を見つめて、平四郎は蛇に見られているような気がした。

三たび、勘十郎は剣を軽軽と上段に構えた。じりじりと間合いをつめて来る。

その圧迫感に平四郎は喘《あえ》いだ。全身汗に濡れている。喘ぎながら、右に左に小刻みに足を移した。矢部道場で飛鳥と呼ぶ極意剣である。相打ちの型の中に活をもとめる剣でもある。鋭く相手の動きを見守りながら、打ち込みを待った。

山が崩れかかるように、勘十郎の身体が滑って来た。剣が落ちかかる。だが勘十郎の剣は、平四郎の足の運びに眩惑されて、わずかに正面をはずした。そのときには、体をまるめて平四郎は相手の剣の下に飛びこんでいる。そのまま腕を薙《な》ぎ上げながら、一髪の差で相手の横をすべり抜けた。

存分に斬った手応えがあった。足をとめて振りむくと、刀をさげて勘十郎が立っていた。にやりと笑ったようである。だが次の瞬間、勘十郎の巨軀は音たてて横転した。

同時に平四郎も地面に膝をついた。喉はからからで、胸はとび上がるようなはげしい鼓動を打っている。平四郎は犬のように喘いだ。

走り寄って来た宮内が、ふるえる声をかけて来た。

「大丈夫かの？」

「六両じゃ、ちと安かった。命がけだ」

喘ぎながら平四郎はぼやいた。


いかがですかこの剣さばき、いや、藤沢氏の筆さばきは。

藤沢氏の数々の作品をこんなふうに書き出せばきりがありませんが、藤沢氏が人間をどう捉えていたかを知るうえで、エッセイ集『帰省』（文藝春秋）に収められた次のくだりははずせないように思われます。


作家にとって、人間は善と悪、高貴と下劣、美と醜をあわせもつ小箱である。崇高な人格に敬意を惜しむものではないが、下劣で好色な人格の中にも、人間のはかり知れないひろがりと深淵をみようとする。小説を書くということは、この小箱の鍵をあけて、人間存在という一個の闇、矛盾のかたまりを手探りする作業にほかならない。

自然描写も「気づき」から

作家の複眼は藤沢氏の場合、自然描写にも活かされていました。光と影を帯びた木々、とりわけ『蝉しぐれ』や『静かな木』のケヤキを描いた場面には、年齢相応の真情がうかがえたものです。

『小説の周辺』（文春文庫）のエッセイ「冬の散歩道」にもケヤキが出てきます。このケヤキがどんな言葉で表現されているか、次の○○に入る言葉を考えてください。

冬の木々は、すべての虚飾をはぎ取られて本来の○○だけで立っているというおもむきがある。

もうちょっと齢取るとああなる、覚悟はいいかと思いながら（以下略）

○○に入るのは「思想」なんですね。思想って、人が人生や社会に対して抱く考え方ですが、そういう言葉を持ってくることに氏ならではの「気づき」が感じられます。
これまで何度も体験に基づく「気づき／ひらめき」が文章の源泉だと強調してきましたが、それは自分が納得できる言葉を探すことでもあるわけですね。


氏が58歳のときに書いたこの一節に接してから、僕もよく冬空にそびえるケヤキを眺めてきました。そのつど自分を飾るような虚飾を拭い去れない中途半端さに気づかされていたように思います。

60歳になればとにもかくにも半生が過ぎたのは確かです。人生はまだこれからだとしても、後方を振り返り、前方を見つめつつ歩を進める。人間としての円熟味を増すのはまだその先でしょう。

ならばどう生きていくか。藤沢氏の著作には、そのあたりのことを示唆した文章もさりげなく書かれています。

少しでもこの作家の実際に触れたいと、2017年1月に日本橋三越本店で開催されていた「没後20年記念　藤沢周平展」に出かけました。

氏の生涯を振り返った回顧展は、数々の作品とともにさまざまなメディアで紹介されていましたが、僕の目を奪ったのは直筆の生原稿でした。そしてひどく驚きました。氏が使っていた原稿用紙は、ネーム入りの特製でもなんでもない、リーズナブルなコクヨ製だったのです。「えっ、コクヨ?」と声を上げてしまいましたが、それが藤沢さんなんだ、と再度納得した次第です。

「残日録」を書いてみよう

話を氏の小説に戻しますが、江戸期、52歳でリタイアした隠居武士が残された人生をどう生きるかを描く『三屋清左衛門残日録』(文春文庫)に、三屋家の嫁、里江と清左衛門のこんなやりとりがあります。

「お日記でございますか」

「うむ、ぼんやりしておってても仕方がないからの。日記でも書こうかと思い立った」

「でも、残日録というのはいかがでしょうね」

里江にははなれた机の上においた日記の文字が読めるらしかった。里江は眼に舅の機嫌をとるような微笑をうかべている。

「いま少しおにぎやかなお名前でもよかったのでは、と思いますが」

祝い事の掛りの報告は口実で、嫁はわしの様子を見に来たのではないかと、清左衛門はふと思った。数日沈んだ気分でいた間は、それが外にも現われずにいなかったろう。

「なに、心配はない」

と清左衛門は言った。

「日残リテ昏ルルニ未ダ遠シの意味でな。残る日を数えようというわけではない」

「そうですか」
「いろいろとやることが出て来た。けっこうわしもいそがしくなりそうなのだ」

いかがですか、このやりとり。本書のテーマと通じるものが何やらありそうですね。

名文は読むだけで上達する

ところで藤沢氏の文章を絶賛していた丸谷才一氏は、『日本語相談 二』（朝日新聞社）でこんなことも言っています。

文章といふのは変なものですね。読むだけで上達するんだから。これはほかの藝と違ふところだと思ひます。たとへば名人が踊を踊るのをいくら見たつて、こつちがきれいに踊れるやうにはならない。唄だつて同じですね。ところが文章はただ読んでゐるうちに、自然とコツがわかつて来る。

ですから、とにかく読むこと。

いや、おっしゃる通りです。とりわけ小説家のエッセイはこれから文章を学んで、これから何か書き残したいと思われる方にとって、なにかと学ぶものがあるのではないでしょうか。

藤沢氏にはここで取り上げた『半生の記』や『帰省』『小説の周辺』のほか、『周平独言』『ふるさとへ廻る六部は』……と読みごたえのあるエッセイ・自伝がいろいろあります。

そうそう、藤沢氏には唯一の現代もの『早春』（文藝春秋）があります。

主人公の岡村は50代後半の男ですが、出世コースから逸《そ》れ、病気がちだった妻にも先立たれ、食事の世話をしてくれていた娘も妻子ある男性と家を出ようとしている。気に入ったママがいて通っていた近所のスナックも閉店して、岡村は独りぼっちの身です。

藤沢氏がそんな男の胸の内をどう描くか、次の文章を読んでください。先に言っておきますが、胸中の表現では説明せず、自分と人、物、自然との距離感を描き出すのが大切なんですね。

ダイニングキッチンにもどると、岡村は食卓の椅子に腰をおろした。もう食事の仕度にかかってもよさそうだったが、いつの間にか肝心の食欲がなくなっていた。岡村は窓の外を見た。傾いた日射しが狭い庭に入りこんで、光沢のあるさるすべりの幹や、沈丁花の赤いつぼみを照らしていた。風はやんだのに、空気はむしろさっきより冷えて来たようである。そして日はいよいよ西にまわったらしく、西側の窓が突然に火のように赤くなって、そこから入りこんで来る光が椅子にいる岡村にもとどいた。岡村は孤独感に包まれていた。

もう一度書いておきます。藤沢作品、おすすめです。

驚くうちは楽しみがある

「Wow！」体験を活かす

米大リーグ、エンゼルスの大谷翔平選手が投打ともに規定回数に到達したそのフル稼働ぶりを、地元放送局の実況アナがこう叫んだのを、みなさん聞きましたか？

「Wow！　ショウヘイ」

僕は「出た！　Wow！」と思いました。

僕がそれまで聞いていた実況では「スゴイ！　スゴイ！　オオタニ」でしたから、驚嘆、喜びを表す「Wow！」にはこちらも感動し、感嘆を覚えたものです。

そんな話をこういうことに明るい知人に話すと、もはや「Wow」はビジネスの世界では当たり前の言葉になっているとのこと。僕にはこれも「Wow！」でしたが。

彼の話では、かつて誰が（Who）いつ（When）どこで（Where）何をしたか（What）に「なぜ？」（Why）の「5W」だったのが、今では企画書でも感動を与える要素として「Wow」をつけて「6W」になり、「5W1H」と言われたその「1H」（How）も、費用はいくらかの「How much」が加わって「6W2H」になりつつある、とすでにビジネス書には書かれているという話でした。

新聞記者になったとき、デスクから事件や出来事の原稿は「5W1H」で書くように、としばしば注意されたものですが、それも今は昔のようなんですね。

素直に驚き、感動する

自己の「存在証明」をすることは、人間の基本的な欲求です。そして、人それぞれが「Wow!」と感動、感嘆の声を上げることが自己の存在証明になるのではないでしょうか。

「あっと驚く時」始めて生きているなと気が付く」とか、「驚くうちは楽《たのしみ》があるもんだ」とは、夏目漱石の『虞美人草』に出てくる言葉ですが、60代ともなると、ハッとしたり、エッと思っても、どこかでセーブしてしまう自分がいるのも事実です。とくにこれは男性に多く見受けられます。

本書がテーマにしている体験にともなう「気づき／ひらめき」も、実はその多くを「Wow！」がもたらしているという話を脳科学者から聞いたことがあります。

みなさん、ここは素直に「Wow！」と驚き、感動しましょう。些細なことや小さな出来事にも感動の芽はあります。「Wow！」の数が多いほど、あなたの土壌は確実に豊かになっていくのですから。

「すごい好き」は日本語として正しくない

脳は驚きが大好きです。驚きにともなう感動は忘れられないものとなり、長期記憶の王様と呼ばれているそうですよ。

大谷翔平選手の話のついでに、彼の女性ファンがテレビで言った言葉が気になったので書き留めておきます。

「大谷、すごい好き」「結婚してください」

「結婚してください」はともかく、「大谷、すごい好き」の「すごい」に何か抵抗はありませんか。

文法のことは第2章で取り上げますが、この際、ここで明らかにしておいたほうがいいかなと思います。

「すごい好き」の「すごい」は正しくありません。ここは「すごく好き」と言うべきでしょう。

文法書にも「形容詞の連用形は、用言の前に位置して、その用言の修飾語として用いる」などとありますから、「すごく楽しい」「すごく好き」は正しい言い方ですが、終止形の「すごい」はそのまま副詞的に使ってはいけないのです。

ただ、こういう用い方が一般的になると、聞いているほうも違和感を覚えなくなるものです。そうなると社会的に容認されたも同然になるもので、ま、いいじゃない、その程度のことは、となりがちなんですね。
それはともかく、大谷選手の話題、本当に「驚くうちは楽しみがある」ですよね。

第2章 どんなふうに書きますか

文章の構造と組み立て方

文とは？　文章とは？

本題に入る前に、文章の入門書などでよく用いられる文章術の「術」について少し説明しておきます。

「技」とか「手段」を意味する言葉で、技芸という言葉などと同様に考えてください。ただ「術」の前に知っておくべきことは、日本語の文章構造です。それをおいては文章の世界への入門もかなわず、「術」も発揮しようがありません。

文章を書くということは、文法上の問題など、日本語ならではの「言語の構造」、言ってみればそのつくりや組み立て方とも大きく関わっているんですね。

ところで作文って文を作ると書くわけですが、この「文」は「文章」と解釈すべきでしょう。

それでは「文とは？　文章とは？」ですが、文は、一つのまとまった内容を表すひと続きの言葉です。文章はその文を重ねていって、見方や考えなどを書き表したものなんですね。

加えてもう一点、文章用語に文節があります。言語として最小単位のもので、文を文節に区切るには、間に「ネ」を入れるとよくわかります。

たとえば「私は白い花が好きだ」なら「私は（ネ）、白い（ネ）、花が（ネ）、好きだ」となり、この文は4つの文節から成るわけです。

年配のみなさんには今さらな話かもしれませんが、文節の区切りには「、」（読点）を打つ場合もあるので、念のため書いておきました。

文章は竹林。豊かな人生経験で育つ

ところで、文節の「節」は「節目《ふしめ》」の「ふし」です。多くの節がある植物や木というと、すぐに思い浮かぶのは、そう、竹ですね。

小・中学校やPTAなどで開く文章教室では、一本の竹をボードに描き、竹の節や竹林……と大書して、「地中では地下茎が養分を蓄えて芽を出す働きをしていますから、土壌が良いと、親にあたる竹も、その竹の子どももよく育つんです」と強調しています。

文は一本の竹、文章は竹林です。若竹は土壌が豊かなほど育ちますが、60歳という年齢は文章を書くうえでハンディとは思えません。

むしろ社会体験で得た、生きていくことの気苦労や喜びも文章の土壌を豊かにしているに違いないですから、それらの体験は人生のこれまでとこれからを綴るうえで、むしろ大きな意味を持つのではないでしょうか。

年を重ねてきた方は、これまで何度も強調してきた通り、60歳を一つの区切りに、人生全般を見通してみてはいかがでしょう。

「文法」は国語の授業で教えてくれない

話はわかりやすいに限りますが、日本語となると、漢字とひらがなの使い分けや尊敬語、丁寧語、謙譲語……などがあるほか、何よりも難解なのが文法です。それなのに日本語の文法は、学校では学科を区分する科目に入っていないという不思議……。

ふだん使っている言葉だから、今さら説明しなくてもわかっているだろう――ぐらいに文部科学省や教育委員会なども思っているんでしょうね。

中学、高校での国語の授業は、英語や数学と同程度に時間はさかれていますが、国語の文法は科目扱いされていないのです。

僕の文章教室に遠く岡山県から来ていた中学の国語の女性教諭は、「国語の授業では読み取りが中心で、文法も含め文章の書き方はほとんど教えられていないですね。教えられるぐらいなら、この文章教室に来ていません」とジョークまじりに話していました。

読み取りというのは、国語の教科書に載っている作家の小説やエッセイなどの意味や内容を理解することです。その先生によると、高校の入試問題では読解力にウェイトが置かれているので、どうしてもそのことを意識した授業になるのだそうです。

難解な「は」と「が」の使い分け

日本語の文法でよく問題になるのは「は」と「が」の違いです。たとえば「は」と「が」は用い方を誤ると、その日本語はわけがわからなくなりますからね。

早稲田大学大学院の授業で留学生の作文をよく見てきましたが、実際に使い分けができていない会話を耳にしたり、意味の通じない文章にもしばしばお目にかかりました。

「講堂がどこ？」

「どれは講堂？」

そんな調子ですから、日本語の権威でいらした大野晋先生は助詞の「は」と「が」の問題と絡めて国語教育についてよく嘆いておられました。

日本語の「は」と「が」の問題は、日本人が日本語で文章をつくるときの一番基本のパターンなんですよ。（中略）けれども、学問の中でうまく受け止められなかったし、学校教育の教科書をつくる段階にうまく入り込んでいなかった。それと日本人は日本列島の中だけで暮らしているものだから、言葉は通じると安心しているんですよ。国語の時間なんてつぶしても言葉は通じると思っている。その結果、文法もやらない、何もやらないとなったものだから、言葉の使い方もわからない、字の使い方もわからない（以下略）

（大野晋、丸谷才一、大岡信、井上ひさし『日本語相談 一』朝日新聞社）

さらにこうも苦言を呈していました。

たとえば、人間というのは、こういうことをして正しいか正しくないか、常にどこかで吟味して、行動しているわけだから、自分の言語が正しいのか、正しくないのか、これでいいのかどうか、もっと組織的に考えなければいけない、そのために文法というのは役立つはずなんだと。

（前掲書）

「海が見える」と「海は見える」の決定的な違い

「が」と「は」の使い分けには諸説あります。外国人が最も難しいと感じるのが、その区別だそうです。僕は未知の情報には主として「が」がつき、「は」は既知の場合につく助詞ながら、その下に新たな情報を求める働きもあると理解しています。

これらの説明には「桃太郎の話」がよく使われています。

「むかし、むかし、あるところにおじいさんとおばあさんがすんでいました。おじいさんは、山へ芝刈りに、おばあさんは川へ洗濯に行きました」とあるように、最初に出てくるおじいさんとおばあさんは、まだ知られていない未知の情報なので、「が」をつけるけれど、二度目からはすでに知られた情報になるので、「は」となり、その「は」の下に新たな説明を求める働きがあります。

そこで問題です。林芙美子氏（１９０３－１９５１）の文名を一躍あげた『放浪記』の「海○見えた。海○見える。五年振りに見る、尾道の海○なつかしい」の一節の○に入るのは「が」「は」のどちらでしょうか。

答えは「が」「が」「は」の順です。

目前に海を見て、思わずそう口にしたという流れで、そこに新たな思いがよぎって「海が」と瀬戸内の海を見て久しぶりに感じた思いを書き表したのでしょう。

それに続く「尾道の海は」の「は」は既知の表現になっていますが、それはごく自然な文脈ですね。

助詞の「が」と「は」とともに、よく問題になる「も」にも少し触れておきます。「秋も深まってきました」とは、半ば常套句《じょうとう》ですが、この「も」は共同体の雰囲気を作る助詞です。

たとえば、「言い訳しないことが大事です」を「言い訳しないことも大事です」と書けば、「も」によって、共同体にふさわしい柔らかいニュアンスでの説明になりますよね。

「も」は結構使い勝手のいい助詞なので、「は」と「が」とあわせてその役割を覚えておいてください。

そうそう、助詞の「へ」と「に」も微妙ですよね。僕は夕刊編集長時代、特集ワイドという紙面の新企画のタイトル「この国はどこへ行こうとしているのか」の「どこへ」を、「いや、『どこに』かな」と迷いました。「へ」は方向を表し、「に」は「帰着点」を表すと辞書にありますが、それならこの国の方向は未だあやふやではっきりしないし判断し、「へ」を用いたいきさつがあります。

ただ、「へ」と「に」は、東京ではっきり使い分けている印象ですが、大阪は「に」も「へ」も省略しがちです。

「ミナミ行こ」

「法善寺のあの店、行ってみよか」

そんな調子です。

東京なら「新宿へ行こうか」「ゴールデン街のあの店に行ってみようか」となりますね。

このように助詞の一つ一つを取り上げていけばきりがありませんので、それは割愛させていただくとして、このあたりで物事全般に触れる表現法を学んでおきましょう。

組み立て方①「現在—過去—未来」

作家の文章で一例を挙げておきます。

2004年にがんで亡くなった中野孝次氏（1925－2004）の「ガン日記」が『文藝春秋』（2006年7月号）に掲載されましたが、医師からの電話で食道がんとわかった日の午後の日記にこうあります。

二月十七日午後

座椅子に坐って陽に当っていると、椿やミカン、スダチなどの濃い緑の葉が光り、鳥が石の上に置いたミカンを啄《ついば》みに来、犬たちが龍のヒゲの上に気持よさそうにねている。すべてこともなく、よく晴れ、風もなき冬の午後にて、見ているとこれが人生だ、これでいいのだ、と静かな幸福感が湧いてくる。これ以外に何の求むるところがあろうぞ、と思う。

食道ガンなどということは、遠き悪夢の如きものにしか思われず。

もし全摘出手術の如きを迫られたら断るしかない、と予《あらかじ》め防御《ぼうぎょ》策を定めておく。

氏はこの5カ月後に人生を閉じるのですが、注目してほしいのは、目下の事態と状況に触れる「現在」から「過去」―「未来」と時が流れている文脈です。「現在」のほかは、「過去」と「未来」をそれぞれ短文で表現していますが、それゆえ、胸の内で自らに言い聞かせている感じがより強く表現されているように読み取れます。

氏は「日記」と断っていますが、日々の出来事とその感想にとどまるような記述などではもちろんありません。

むしろ「日記」と断って、がんとわかったその日のことを「現在」に、これまでの「過去」は「これが人生だ」という言葉で手短に表し、「未来」においては「防禦策」という言葉とともに、手術がどうなるかに触れています。

庭の生物を目にとどめつつ、「よく晴れ、風もなき冬の午後にて」と「現在」を記す筆致はさすがです。『清貧の思想』や『ハラスのいた日々』などの話題作を遺した文人の凜然《りんぜん》たる生き方をもしのばせてくれる文章と思われます。

矢沢永吉に学ぶ「現在―過去―未来」

文章の組み立て方の説明の際に役立つのは、ロック歌手・矢沢永吉氏のこんな言葉です。何年か前に書いた文章本でも紹介していますが、大学での授業ではわかりやすいとウケていたので、ここでも取り上げておきます。


金も入った、名誉も手にした。

だけど、さみしさは残った。

おかしいじゃないか。オレは思った。（中略）

そう思ってふと見ると、幸せってレールは隣にあった。オレはそのレールに乗っていなかった。

それから矢沢の幸せ探しが始まった。


（矢沢永吉『アー・ユー・ハッピー？』角川文庫）

「現在」の状況をまずとらえ、その背景となる「過去」を思い起こしつつ、幸せ探しという「未来」に思いをはせる——短文ですが、言葉がテンポと相まっていかにも永ちゃんの文章ですね。「実感年齢」（実年齢とは別に、自分自身で感じる自分の年齢のこと）は彼が出演したテレビCMのキャッチコピーですが、この文章も実感にあふれていますよね。

吉野弘氏（1926－2014）の「元日の夕日に」と題した次の詩などは時間の流れそのものが韻文の効果を高めています。

一九九一年十二月三十一日の夕日が
一九九二年一月一日の朝日になって
東の空に昇ったとき

その朝日を
私たちは「初日《はつひ》」と呼びました——しかし
今、目の前で赤々と西の山に入りかける
元日の夕日を、どう呼んだらいいか
私はわからずにいます

元日の朝日には「初日」の名があるのに
同じ日の夕日には親しい呼び名がありません
名がないことは人間の無関心の証拠
それさえ気付かずにきた私たちの長い迂闊《うかつ》
その迂闊に少し恥ずかしい思いをしながら
私は
美しすぎる元日の夕日を

しばし見送っています

それにしても
元日の夕日に親しい呼び名を贈ろうとした野暮天《やぼてん》が
今まで一人もいなかった？

（吉野弘「元日の夕日に」『吉野弘詩集』ハルキ文庫）

組み立て方②「体験―気づき―普遍性」

文章構成ではもう一つ、「体験―気づき―普遍性」もおすすめです。
これについては、先に岡山県から僕の文章教室に来ていた中学校の国語の先生のことを紹介しましたが、そのご本人である中マチ子さんが自ら書き下ろした『国語の先生、文章講座に通う』（幻冬舎ルネッサンス新書）が、僕が話した内容を要約して文章にしていますので、その一部を紹介しておきます。

日本文学の根本的命題は「もののあわれ」だ。「もの」とは道理で「あわれ」は情感。つまり「理」と「情」だ。例えば「人はいずれ死ぬ」という「理」があり、それに伴う感情が「情」だ。この「もの」と「あわれ」の根底に「気づき」がある。何に気づいたか？　気づいたことを自分なりに問答して書くのだ。世事はすべてグレーである。はっきりしない。そこをさらに突き詰めたときに何に気づくか。「体験—気づき—普遍性」ほとんどの文章はこの三つである。

わかりやすい日常からわかりやすい気づきを書くといい。気づくことは難しいことではない。新緑と紅葉のように比べてみるといい。あるいは時間とともに浮かんでくることがある。子どもの頃には気づかなかったことが、時を経て「あの時のことは」と気づく。今、「考えて書く」ということをしなくなった。スマホで検索すれば答えも一発で出てくる。勉強はプロセス、それを省いているのが今の世の中だ。文章を身につけて自分を謙虚に見つめる。自分の醜いところも書く。

自分を再発見するのに、書くに勝ることはない。自分の正体をつかむためには時間を費やす。どうぞ人間的弱点をさらけ出しながら、書いてください。

僕がだらだらと話したことを彼女なりに理解してまとめたものでしょうが、あらためてこうして書き写してみると、我ながら難しい話をしていたんだなあ、と思います。この本を書く際、もっとわかりやすくしようと書き始めたのですが、ま、いいか、この本の読者は60歳以上、難解な文章も理解してもらえる方々だからと、勝手な理屈でそのままにしておくことにしました。

個人の体験と社会をつなぐ

手元に、早大人学院の文章表現の授業で「体験―気づき―普遍性」と流れに即して達者にまとめていたT・M君の作文があるので、紹介しておきましょう。こちらは文章の流れも良く、いたってわかりやすく書かれています。

みんな違って、みんな良い　T・M

ジューッと鉄板が唸る。その上にでーんとお好み焼きが待ち構える。脂ののった豚肉にドロッとした濃厚なソースをたっぷりかける。仕上げにサッと青海苔。「いただきます」と言い掛けたところに、人の良さそうな店主が笑顔で言う。「はい、ごはん！」

お好み焼きとごはん、炭水化物と炭水化物。関西出身なのに私はその組み合わせを試したことがなかった。ごはんとソースは合わなそうだったし、何より我が家では、お好み焼きを食べるとき、ごはんが出てくることがなかった。

昼時、たまたま一人で入ったお好み焼き屋さん。何も考えずにお好み焼き定食を頼んだ。一人になりたかったたし、何も考える余裕がなかったというのが正解かもしれない。

その日の午前中、仲の良い女友達に相談があると呼び出された。おはようの挨拶もないまま、開口一番、彼女はこう言った。

「私、女の子と付き合ってるの。おかしいかな？」

あまりに突然で面食らった私は、思わずこう言ってしまった。

「変なのは、変かなー」

「やっぱり、言わなきゃ良かったなー」

1分もかからなかった相談は、私に深い後悔の念を与えた。

何と答えるのが正解だったのか、そんなことを考えながら熱々のお好み焼きとごはんをほおばる。甘辛いソースとごはんの甘みが口の中で溶け合う。美味しい！

なんで今まで一緒に食べなかったんだと思うほど、お好み焼きとごはんの組み合わせはアリだった。あっという間に完食。会計を済ませて店を出る。

一見おかしいように見える組み合わせが、誰かにとっては最高の組み合わせってことはあるのかもしれない。

どっちも女、どっちも炭水化物。みんな違って、みんな良い。みんな違って、みんな美味しい。

立ち上がり、歩き出して立ち止まる。青海苔が歯についていないか気にしながら、スマホに彼女の電話番号を探す。


個人的な体験を通して気づきがどう社会と関わっているか、普遍的な意味合いを見出そうと努めているところが、この作文のいいところですね。加えて、金子みすゞ（1903-1930）の詩「私と小鳥と鈴と」の結び「みんなちがって、みんないい。」を活用した表現が効いています。

T・M君の作文が「体験―気づき―普遍性」の箇所をどうまとめているかに触れておきたいと思います。

「ジューッと鉄板が唸る」から「何も考える余裕がなかったというのが正解かもしれない」までが体験です。続く「気づき」は「その日の午前中、仲の良い女友達に相談があると呼び出された」から「一見おかしいように見える組み合わせが、誰かにとっては最高の組み合わせってことはあるのかもしれない」までです。「普遍性」はその後に続く文章なんですね。

先の「現在―過去―未来」とあわせた文章構成は、僕に言わせれば鬼に金棒です。そのことを意識して作文に取りかかる。それに越したことはないのですが、「独自の内容」プラス「伝わる表現」という良い文章は、「現在―過去―未来」と「体験―気づき―普遍性」のミックス系に多いんですね。

組み立て方③「起・承・転・結」

文章の組み立て方としては、ほかに起・承・転・結がよく知られています。漢詩の構成にならったもので、第1句（起句）で思いを起こし、第2句（承句）でそれを受け、第3句（転句）で一転させ、第4句（結句）で全体をまとめます。

一般的な形式とされていますが、第3句の転句がうまく書けないと、そのまま文章が転がってしまう危うさがあります。

次の児童詩は起・承・転・結の例としてよく引用されています。

おかずをこぼした
父に「よそ見をしているからだ」と叱られた
弟も「そーだ」といった
それから数分後
父もおかずをこぼした
家中「シーン」となった

（織田正吉『笑いとユーモア』ちくま文庫）

「父もおかずをこぼした」といった「転」に持ってこいの出来事があるので、文章が流れていますが、そういう展開はそうそう期待できるものではありません。起・承・転・結は転に好例がある場合の組み立て方と心得ておいてください。

文章の表現と伝え方

世の中で起こる物事を伝える

記者時代は長年、社会部デスクの横に座って、送られてくる原稿を読んでいました。新聞には締め切り時間があるので、各記者には文章を要領よく「現在―過去―未来」で組み立てて送稿するよう求めていました。

典型的なパターンは、今の状況や起きている事態から「現在」を書き始め、続いてその状況をもたらした背景、素地に言及する「過去」へとつなぎ、あとはその状況、事態がどうなるかの「未来」を見通した原稿です。

この流れを踏まえて書けば、世の中で起きる物事はたいてい伝えられます。

三段構成の作文技法としては、ほかに「序・破・急」があります。ゆっくりした導入部、変化をつける展開部、急テンポのクライマックスという流れで進む手法ですが、もとは舞楽や能楽の構成形式なので、文章にはどうでしょうか。僕個人の感想ではありますが。

伝え方①「人・物・自然」を書く

村上春樹氏はデビュー作『風の歌を聴け』（講談社）で、架空の作家の言葉を借りてこう書いています。

> 文章をかくという作業は、とりもなおさず自分と自分をとりまく事物との距離を確認することである。必要なものは感性ではなく、ものさしだ。

距離とものさしという言葉がいかにも村上春樹という印象ですね。

「距離」についてですが、その好例は60代の方にはおなじみの70年代フォーク「旅の宿」(岡本おさみ作詞、吉田拓郎作曲)、吉田拓郎氏が歌ったヒット曲です。

当時のフォークソングはジャズ、ロカビリー、グループサウンズの流れを受けて、一大ブームを呼び、ニューミュージックへとつなぐ役割をもはたすのですが、「旅の宿」は「襟裳岬」などでも知られた岡本おさみ氏(1942-2015)の作詞がもたらすメッセージ性も高く評価されました。この歌は人、物、自然の3要素をちゃんと押さえた描写が特徴です。

人=浴衣姿のきみと、すっかり酔っ払ったぼく
物=ススキのかんざし、熱燗徳利
自然=宿から眺める上弦の月

これら3点を押さえることで自分を取り巻く場面全体の「見える化」がはかられ、そのぶん情感がより伝わってくるんですね。

J-POPの大御所、拓郎さんも2022年をもって引退すると宣言したそうですが、そうと聞いたその晩はあらためて「旅の宿」に聴き入りました。

伝え方②「写生」ではなく印象を「描写」する

「説明より描写だ」——多くの作家もそうおっしゃっていますが、その描写についてですが、見たことをそのまま書けばいいんだと解釈している人が結構います。

空模様なら青空と雲の広がり方を、樹木なら高さ、枝ぶりといったことをスケッチ風に描き表せばいいと思っているんですね。

これは誤解です。第1章でも少し触れましたが、描写に何より求められているのは、空や樹なら、それを見てどう感じ、心はどう反応したか、つまり心に深く刻み込まれた印象を言葉にするということなのです。

僕は散歩の途中、その季節季節で姿を変える樹や花を見て心が動かされることがよくあります。次の文章は「心は外に」という僕のコラムの一部分ですが、「描写」=

「印象」についてわかりやすいかと思いますので掲載しておきます。

コラム 心は外に

大寒も過ぎて木々が葉を落とした公園を日差しがくまなく照らしている。ケヤキもクヌギもメタセコイアもすべて裸木、見た目には枯れ木同然だ。

ぶらぶら歩いて樹形のいい木に出合うと、立ち止まって見上げる。樹皮がうろこのように剝《は》がれながら、すっくと立っている老木もある。幹から細かく分かれた枝の先が上へ上へと一斉に伸び上がり、その先端は風で小刻みに震えている。思わず声を上げ、そのあと何かささやいたのは、なお盛んな生命力に静かな感動を覚えたからだった。

冬木立には品種を問わず、力がいただけた。ケヤキはもちろん、サクラからも内に秘めた力が存分に伝わってきた。勢いよく伸びた枝先に宿す春のなんと確かなことか。小さなふくらみは、寒風にもまれながらも成すべきことは黙々と成して、陽気の定ま

る頃には芽吹いて花を咲かせることだろう。（以下略）

詩の世界には受けた印象で自然をとらえ、言葉をつむぎ出した作品が少なくありません。

早世の詩人、八木重吉氏（1898－1927）は「雲」と題したこんな詩を遺しています。

くものある日
くもは　かなしい
くもの　ない日
そらは　さびしい

（八木重吉「雲」『八木重吉全詩集1』ちくま文庫）

谷川俊太郎氏の「木」という詩の一節にはこうあります。

木を見ると
木はその梢で私に空をさし示す
木を見ると
木はその落葉で私に大地を教える
木を見ると
木から世界がほぐれてくる

（谷川俊太郎「木」『自選 谷川俊太郎詩集』岩波文庫）

伝え方③「自分の心がどう動かされたか」を書く

ところで芥川賞受賞作家の村田喜代子氏の『縦横無尽の文章レッスン』（朝日新聞出版）という本には学生たちの文章もいろいろ紹介されていますが、次のような文章が載っています。

　この空間に愛する女性が永遠に現れないことを僕は悲哀の内に認識しなければならなかった。

　頭の中だけで考え、物事を組み立てたようなこの観念的な文章には村田氏同様、違和感を持つ人が多いでしょう。受けた印象、つまり人の心を動かす力のある文章というのは、出来合いの言葉ではなく、実際に自分の心がどう動かされたかを具体的に書いてこそのものなんですね。

　本書の最初のところで作文10カ条に触れていますが、若い頃の文章は10カ条を踏まえない、思い込みの強い独りよがりの文章が多いですね。

　以下は「『伝える』と『伝わる』」と題した僕のコラムです。

コラム「伝える」と「伝わる」

物事をどう伝え、いかに表すか。はっきりと「伝える」（他動詞）方法もあれば、そこはかとなく「伝わる」（自動詞）方法もある。状況によって使い分けられるのだろうが、最近は「伝える」より「伝わる」ほうがいいと思えるようになった。

現に映像でもはっきりと見せつけられるのには抵抗があり、テレビのドキュメンタリー番組の残酷な場面などでは目をそむける。動物番組で猛獣が獲物に襲いかかる場面も可哀そうなので、すぐに消してしまう。

そこへいくと、文章の世界は「伝える」より「伝わる」表現のほうが勝っていると感じられ、最近は一般の文章である散文のほか、俳句や川柳など短詩の「伝わる」の表現技法にも感じ入っている。

たとえば独りぼっちの寂しさをどう表すか。すぐに思い浮かぶのは、身一つ、無一文の生き方で知られた自由律俳句の尾崎放哉《ほうさい》の作品だ。

いつしかついて来た犬と浜辺に居る

犬ではこんな句も詠んでいる。

今日来たばかりの土地の犬となじみになつてゐる

作者に「伝える」意志などまるで感じられないのに、目に浮かぶ風景とともに心の真実まで伝わってくる。孤独とは「伝える」ものではなく、「伝わる」ものなのだ。

拙文ながら、みなさんに文章と気づきの関係なども読み取っていただければ幸いです。

表現・表記のチェックポイント

主語「私《わたし》」はなくていい

山路《やまみち》を登りながら、こう考えた。
智《ち》に働けば角が立つ。情に棹《さお》させば流される。意地を通せば窮屈だ。兎角《とかく》に人の世は住みにくい。

よく知られた夏目漱石の『草枕』の書き出しです。この文章が「私は山道を登りながら——」と書き出されていたら、みなさんはどう思いますか。深みのあった世界が、なんだかいっぺんに壊れてしまいそうな気がしませんか。

と書いたところでふと気がついたのですが、中世を代表する随筆とされる吉田兼好の『徒然草』にも「私」は登場しません。

つれ〴〵なるまゝに、日くらし、硯《すずり》にむかひて、心に移りゆくよしなし事を、そこはかとなく書きつくれば、あやしうこそものぐるほしけれ。

僕は主語がなくてすむ文章なら、なくていいような気がしています。要は文章の性格と照らして、自己主張の程度の問題として判断すればいいのではないでしょうか。ただ一行に何度も「私」が出てくるのは絶対にやめましょう。

同様に、同じ言葉を何度も繰り返さないよう心がけてください。川端康成氏（1899－1972）の『雪国』で女の声の形容に「悲しいほど美しい」が5度出てきます。文芸編集者として一時代を画した大久保房男氏（1921－2014）はそのことを指摘しつつ「川端さん自身はそんなにすぐれた形容とも思わず、何度使おうが気にしなかったのではあるまいか」と著書『戦前の文士と戦後の文士』（紅書房）に書いていますが、どうなんでしょうか。

一人称は一視点からしか書けない

作文で「私」と書くのは「一人称」の書き方です。一人称で書くということは、たった一点からしか情報が入ってこないということになり、限定された視点の中で知り得たことしか書けません。

当然のことながら、三人称ではないので、たとえば第三者の「彼」の視点で物事をとらえたような書き方はできないということです。

ここでみなさんに少し次の文章の是非を考えてもらおうと思います。

「応接間でしばらく雑談していましたが、奥さんは挨拶して応接間から出ていき、キッチンでコーヒーを淹《い》れてくれていました」

何気ない普通の文章のようですが、先に書いたように情報は一人称では一点からしか入ってこないとなると、どうして応接間にいる筆者に奥さんがコーヒーを淹れていることがわかるのでしょう。この文章には矛盾がありますよね。

それではこんな文章、みなさんどう思いますか。

「その話を聞いて私は表情を曇らせた」

すっと読んでしまいそうですが、変ですよね。表情は応対している相手にしかわからないことですから。

一人称一視点は僕らには当たり前のこととなっています。遠く離れた人の会話をあたかも聞いているように書けば、それは事実ではないことになります。

一視点でどこまで書けるか、その判断はぬかりなくやってください。

先のコーヒーの話ですが、応接間までコーヒーの匂いが漂ってきているのなら、奥さんがコーヒーを淹れてくれているようでした、と書けばおかしくはないわけです。

「だから」「しかし」を削るとリズムが生まれる

「しかし」「けれども」「だが」といった逆接の接続詞も注意を払って読み直すと、なくても意味は通じる、むしろ削ったほうが文章の流れがいいことに気づかされたりします。足すより削る、リズムのある流れの良い文章を作る基本です。

次の文章を読んだあと、「したがって」「しかし」「だから」を省いてもう一度読んでみてください。

「彼は気が短い。したがって家でもよく声を荒らげる。しかし愛犬には別のようで、怒ったのを見たことがない。だから、犬も彼にはよくなついている」

どうですか？　この文章なら、「したがって」「しかし」「だから」はなくても文意が変わるわけでもなく意味は通じますし、流れもそのほうがいいですよね。

副詞にも気を配ってください。

「あの人はとてもステキな方ですね。評判も大変いいと聞いています。僕は非常に尊敬しています」

これが会話文なら、「とても」「大変」「非常に」といった程度を示す副詞は大げさな印象を与えがちです。なくても文章は成立しますが、１カ所だけ入れるとすれば、あなたならどこにどんな副詞を入れますか？　ちょっと考えてみてください。

あなたが今作った文章のほうが読みやすく、流れがいいことに気づいていただけたと思います。

書き終えれば読み直す。あってもなくてもいい語に気づけば削る。それだけでも文章がうんと良くなります。

ひいてはそういう積み重ねが文章力につながっていくのです。

たとえば、「海が見えたので、浜辺まで走った」という文章で、「ので」という接続助詞は必要でしょうか。必要ありませんよね。「ので」を削って、「海が見えた。浜辺まで走った」としたほうが、躍動感が伝わってきます。

接続（助）詞はいらないと判断できれば、思い切ってカットしてください。それだけでテンポのいい文章になるばかりか、文章全体の流れも増します。

漢字も要注意です。とくにパソコンを打つと出てくる「然《しか》し」「殆《ほとん》ど」「些《いささ》か」「頗《すこぶ》る」などはひらがなに書き直すべきでしょうね。

ただし、「国語」「平和」「人間」といった言葉は漢語（日本語のうち、漢字の「音読み」で読む言葉）ですから、漢字で書くべきです。「国ご」「平わ」などと書かないでくださいね。

言葉の重複や慣用句に要注意

「いまだ未解決」の「いまだ」は「未〜」と重複表現になります。「あとで復権する」もよくお目にかかりますが、「あとで」は不要です。

漢字に注意を払いつつ、言葉の重複や誤りやすい慣用語句も要チェックです。以下の表現はありがちですが、違和感を覚えませんか。

「笑顔がこぼれる」
「公算が強い」
「素人はだし」
「製薬メーカー」
「雪辱を晴らす」

笑みがこぼれる／公算が大きい／玄人はだし／製薬会社／雪辱を果たす、が正しい表現なんですね。

今はパソコンが表現の間違いや誤用を指摘してくれることもあるので、その点は安心と思っているかもしれませんが、とにかくしっかり読み直すことです。疑問があれば辞書を引いて調べてほしいですね。若い人はスマホで、となるのでしょうが、疑問を抱けば手間を惜しまないでください。

段落と改行の使い方

みなさんはパソコンで原稿を打っているんでしょうか。僕の文章教室では高齢者の方も何人かいらっしゃったので、提出された作文はパソコン派と原稿用紙派がほぼ半々でした。

ただ原稿用紙で書き方を身につけると、基本的な原則にかなった文章を学ぶうえで役立つことが多々あります。とにかく原稿用紙ってよく考えられていると思います。もっとも今は、パソコン上にも原稿用紙に即したものが出てくるので、パソコン派も学ぶことができるわけですが。

まず段落ですね。内容のまとまりで分けたときの切れ目です。そのひとまとまりの内容について僕はこう考えています。

人体は頭、顔、胴体といったぐあいに分けられますが、顔でひとまとまりとするよりも、その顔の中の目、鼻、口をそれぞれで一つのまとまりと見るわけです。目を書いてひとまとまりの内容が終わると、次の鼻へと移るのですが、そのときは新しい段落の始まりですから、「改行しますよ」ということで一字下げて書き始めます。

このことがわかりやすいように、友人のA子が「話を聞いてほしい」と訪ねてきたときのことを小説風に書いてみました。

彼女はときおり涙声になってひと通りの話をすると、目を窓の外に向け、ぼんやりと眺めていた。しばらくして僕のほうに戻した目に涙はなかった。先刻、口にした悩みは僕に打ち明けたことで多少とも薄らいだようだ。

ところが、それもつかの間のことだった。鼻筋の通った整った顔を左右に振って急に泣き伏した。

やがて顔をあげて微笑ともつかぬゆがみを口元に浮かべ、何かつぶやいた。僕は聞き返さずに次の言葉を待った。


改行の少ない文章には、びっしり詰まった感じがして、圧迫感すら覚えます。読みづらい感もありますので、一字下げの改行はむしろ多くてもいいのではないでしょうか。文章は読まれてこそのものですから、読み手のことも考えて文章を作るように心がけてください。

パソコンで慣れているせいか、横書きの作文を提出する人がいます。みなさんは縦、横どちらですか。

作家の桜木紫乃さんは「縦書きでないと文章力が身につかないのではないでしょうか。日本語自体がそうできていることのほかに、文章そのものに頭から下に降りてくる感覚がありますから」と話していました。

句読点の使い方

パソコンであれ原稿用紙であれ、文の最後を示す「。」（句点）と文の途中で意味の切れ目を示す「、」（読点）は、新聞社時代の僕は校閲での指摘をそのまま受け入れていました。基本的な原則にかなっているからです。

ただ「金も、地位も、家もない」といった文章での読点は、『毎日新聞用語集』に「対等に語句を並べる場合に打つ」とあっても、今なら僕は読点なしで流すでしょうね。すっと読めるなら、ないほうがいいと考えるからです。

読点一つで文意が変わる例文として、「刑事は血まみれになって逃げる犯人を追った」や「美しい水車小屋の娘」がよく挙げられます。「血まみれになって」いるのは刑事なのか犯人なのか。「美しい」のは娘なのか水車小屋なのか。読点の位置で意味が変わるというわけです。

以下は問答形式で進めたいと思います。

問　読点を打たず、「血まみれになって」いるのは犯人、「美しい」のは娘だとわかる文章を作ってください。

答　「血まみれになって逃げる犯人を刑事は追った」「水車小屋の美しい娘」

要は読点に頼らず、理解しやすい文章を書くことが大事だということですね。

問　次の8つの例文にそれぞれ必要と思われる読点を打ってください（『毎日新聞用語

集』より引用）。

①昨日は暖かかったが今日はずいぶんと冷える。
②金も地位も家もいらない。
③今日こそそばを食べよう。
④彼も喜び私も喜んだ。
⑤その夜あなたはいなかった。
⑥私はそんなことは前にも言ったようにしていない。
⑦私は彼はそんなことはしないと思う。
⑧私は熱心に働く人を探す。

答

①昨日は暖かかったが、今日はずいぶんと冷える。（文の切れ目に）
②金も、地位も、家もいらない。（対等に語句を並べる場合に）

③今日こそ、そばを食べよう。(誤読を避けるために)
④彼も喜び、私も喜んだ。(節と節の間に)
⑤その夜、あなたはいなかった。(前置きの節や語句を区切る)
⑥私はそんなことは、前にも言ったように、していない。(挿入された節や語句を区切るため)
⑦私は、彼はそんなことはしないと思う。(主語を明確にするため)
⑧私は、熱心に働く人を探す。/私は熱心に、働く人を探す。(修飾する語とされる語の関係を明確にするため)

ところで、句点「。」や読点「、」などの区切り符号とは異なる感嘆符「!」や疑問符「?」について、吉行淳之介氏(1924-1994)は不意にうっとうしく思え、「あら?」を「あらっ」に、「〜してはいただけない?」は「〜してはいただけなくって」とか、「いただけないかしら」に書き直したそうです。なるほどですよね。

メールは細心の注意を払って

離職後の方も、再就職することがあるかもしれませんので、ビジネスでの必須ツールであるメールの基本フレーズは覚えておいてほしいです。

書き出しとか、お礼の文例集はすでにいろいろ出回っています。ですからここでは僕の著書についてのインタビュー取材の「お願い・依頼」のメールをいただいて、快諾したケースを紹介しておきましょう。

「ご一考願えますでしょうか」とか、「〜していただけると幸いです」などと、作法通りのフレーズがあるものでも、その前にこういった文面があると心が動きますね。

「○章の〜のくだりは、とりわけ印象に残りました」

ちゃんと読んでもらえている。しかも僕が一番力を入れて書いたところに反応してくれている……。いや、こういうメールには弱いものです。

実際に高倉健さん（1931－2014）の追悼本を書いたときには、取材依頼のメールを各メディアからたくさんいただきましたが、先に紹介したような文面には即OKしていました。

メールは手紙に比して、時候の挨拶などはなじみませんし、美辞麗句より依頼や案内の趣旨を明瞭に伝えるべきでしょう。

ただ、そうは言っても誠意が伝わり、好印象を与える文面が望ましいのはメールも同様です。

とくに次の3点は心得ておくべきかと思われます。

①美しく飾った言葉より、誠実さを込めた文面であれ
②誤字、脱字はもちろん、紋切り型の表現は要チェック
③自分のことより、うかがうべきは相手の近況

とりわけ先方の力を頼みとするようなメールの場合、細心の注意を払ってほしいですね。

一般にメールは書き言葉なので、日常の会話の言葉よりきつく響く感があります。そこで、「どうですか」は「いかがでしょうか」、「よければ」は「よろしければ」とか「さしつかえなければ」に直し、「すみませんが」は「申し訳ありませんが」などとすべきでしょう。

誤字に関しては、僕が毎日新聞の専門編集委員をしていたとき、パソコンで変換ミスをして、専門変種委員と原稿に打ってしまい、部下の女性から「これでいいんですか」と笑われたことがありました。

熟語などでも、正しいと思い込んでいる漢字の一字が違っていた、なんてことありますよね。ここも問答形式でちょっとためしてみましょう。

問　次の熟語を正しく直してください。

個別訪問
出所進退
上位下達
人口呼吸
現状回復

答　戸別訪問／出処進退／上意下達／人工呼吸／原状回復

パソコン上での打ち間違いもあるでしょうから、タイプミスのチェックは怠らないでください。

避けたい決まり文句

使い古され、すっかり衰弱した言葉もあります。常套句に多いですね。

・黒山の人だかり
・冷水をあびせられたような
・抜けるような青空
・雨がしとしと降る
・太陽がキラキラ輝いている

あるいは、

・子どもは正直だ
・スポーツマンはさわやかだ

など、社会通念化した決まり文句も避けたほうがいいですね。それが文章を書く際の共通の感覚でしょう。

推敲は読者への親切心

原稿を書き終えた後は誤った表現などがないか、読み直して手直しすることを推敲《すいこう》と言いますが、その作業を欠いてはいけません。

前にもその点についていろいろ触れていますが、年長者の文章には若い人以上に厳しい目が注がれることを意識しておいてほしいと思います。

案外見落としがちなのは、すでに書いた通り、さして長くもないのに同じ言葉を何度も使っている文章です。

大学の授業で提出されたある学生の作文に、「幼い頃から東京を離れたことがない」とあって、故郷という概念がはっきり自覚できていないことがテーマになっていました。

ユニークな視点なので、興味深く読みましたが、文中に数度にわたって同じ「故郷」という言葉が出てくるのです。若い人の文章にありがちなことながら、僕は二度目以降は郷里とか生地などに言い換えて再提出するよう求めました。

ここで問われているのは注意力に加えてほかの表現、すなわち類語の使い分けができているかどうかなんですね。

次の文章は、前にも紹介した外山滋比古氏の『思考の整理学』の書き出しです。

勉強したい、と思う。すると、まず、学校へ行くことを考える。

「思う」は胸中での希望や判断ですが、「考える」はいろいろ比較したうえでの結論です。その判断があって、書き分けているんですよね。

ともあれ、推敲は文章を書くうえでの最低限のマナーと思ってください。年長者としては相応の心配りが必要でしょう。

村上春樹氏は最初は流れのままにさっと書いても、あとからしっかりと手を入れていくそうです。

彼に言わせれば、推敲は「読者に対する親切心（サービス心ではなく親切心です）。それを失ったら、小説を書く意味なんてないんじゃないかと僕は思っているのですが」と『村上さんのところ』（新潮社）でも強調しています。

読者を惹きつける村上春樹の文章術

若々しい文体の秘密

60歳の人にとって、作家の村上春樹氏はどんな印象なのでしょうか。

そうですね、70代半ば（後期高齢者）にさしかかる年齢の方なら、老人と呼ばれて不思議はないのですが、１９４９年生まれの村上氏に「おじいさん」の感じは希薄です。

現に僕の周囲では、「えっ、あの村上春樹でしょ。マラソンだって健脚ぶりが伝えられていましたから……。そうですか。74歳……でも、老成の印象はないですよね」。

確かに老作家とはほど遠い印象です。村上氏自身、59歳で亡くなったロシアの文豪、ドストエフスキー（１８２１－１８８１）より自分が長生きしていることに驚いていていたほどですからね。

それにしてもなぜ若く思われているのか。見かけの印象もさることながら、若い頃の群像新人文学賞受賞作『風の歌を聴け』や『ノルウェイの森』などの作品の鮮烈さが、読者には強烈に記憶されているせいもあるのでしょうね。

加えて氏の作品からは、題材の斬新さと多用される比喩《ひゆ》表現の巧みさとが相まって、半ば陳腐化した小説言語を一変させそうな、そんな「若さ」も感じられます。

村上流・性的比喩描写

かつて比喩については「ゴテゴテしたフリルのついたドレスを着たがる少女のようだ」などと酷評する老齢の作家もいたようです。

きっとそういう作家は、先に僕が掲出した「作文10カ条」の②「常日頃の通俗的な事柄に人間のいじらしさと真実を見つけよう」などとは縁遠い〝大説家〟の方々であったのかもしれませんね。

さて、村上氏の比喩の特性の一つに、嫌らしさを感じさせない性描写があります。たとえば「下腹部には細い陰毛が洪水の後の小川の水草のように気持よくはえ揃っている」（『風の歌を聴け』）、「陰毛は行進する歩兵部隊に踏みつけられた草むらみたいな生え方をしている」（『1Q84　BOOK 1』新潮社）とか、（女にペニスを握られた「僕が）「まるで医者が脈を取るときのように」「彼女の柔らかい手のひらの感触を、なにかの思想みたいにペニスのまわりに感じる」（『海辺のカフカ』新潮社）といった調子です。

こういう比喩が氏ならではの感性の表現と受け入れられ、若い読者を中心に村上ワールドへと引っ張り込んだのは確かです。

それでは村上氏は何を意図して比喩に力を注いできたのか。以下、その点にこだわりたいと思います。

いや、そう難しい話ではないのです。実は村上氏が氏のファンでもある作家、川上未映子氏のインタビューに答えた『みみずくは黄昏《たそがれ》に飛びたつ』（新潮社）は、なるほど彼の意図した小説とは、そういう考えに基づいてのものだったのか、とあらためて気づかされる内容になっています。彼特有の比喩表現の狙いや思惑、計算などもあわせて語られているのです。

村上氏はチャンドラーの比喩に「私にとって眠れない夜は、太った郵便配達人と同じくらい珍しい」というのがあると断って、こう続けています。

これは何度も言っていることだけど、もし「私にとって眠れない夜は稀である」だと、読者はとくに何も感じないですよね。普通にすっと読み飛ばしてしまう。でも「私にとって眠れない夜は、太った郵便配達人と同じくらい珍しい」というと、「へぇ!」って思うじゃないですか。「そういえば太った郵便配達って見かけたことないよな」みたいに。それが生きた文章なんです。そこに反応が生まれる。動きが生まれる。

読者を眠らせないための2つのコツ

僕は村上氏が読者からの質問に答えた『村上さんのところ』で、「情景描写と心理描写と会話、というのがだいたいにおいて、小説にとっての三要素みたいになります。この三つをどうブレンドしていくかというのが、小説家の腕の見せ所です」と話していることに以前から注目していました。

『みみずくは黄昏に飛びたつ』ではこんな話もしています。

普通の会話だったら、「おまえ、俺の話聞こえてんのか」「聞こえてら」で済む会話ですよね。でもそれじゃドラマにならないわけ。

氏は「読者を眠らせないための、たった二つのコツ」と断って、会話のやりとりに込めたドラマ性と比喩を挙げるのです。

いや、ここまでの説明で僕らを惹きつけてやまない村上文学の理由がよりわかった気がして、会話と比喩のくだりをそれまでの本で確認したりしました。

いずれにしても「雪のような肌」と直接たとえる直喩であれ、「ようだ」を使わず「月の眉」と言い切る隠喩《いんゆ》であれ、なるほど、そうきますか、の村上流比喩表現は、一言では表しにくい事柄の多さを考えると、習得して役立つ文章術ではないでしょうか。

比喩表現にチャレンジ

問　村上氏の比喩で、僕がすぐに思い出すのはこんな表現です。（　　　　）をあなたならではの言葉で埋めてください。

ボーイはにっこりして、（　　　）のようにそっと部屋を出て行った。

（村上春樹『色彩を持たない多崎つくると、彼の巡礼の年』文藝春秋）

彼は最初に五分の一秒くらいちらっと僕を見たが、僕の存在はそれっきり忘れられた。まるで（　　　　）を見るときのような目付きだった。

（村上春樹『ダンス・ダンス・ダンス』講談社）

「病院に入院したことある？」

「ない」と私は言った。私はだいたいにおいて（　　　　）のように健康なのだ。

（村上春樹『世界の終りとハードボイルド・ワンダーランド』新潮社）

どうですか？　村上氏はこう表現しています。

答　賢い猫／玄関マット／春の熊

—

村上氏の言う「生きた文章」としての比喩表現は、確かにすっと読み飛ばせません。

しかしいざ書いてみようとしても、すぐに思いつくものではありません。頭の柔らかさと物の見方の柔軟性が求められます。毎日の生活のなかで少しずつ訓練してみてください。

ただこの点は強調しておきたいです。60歳のあなたは村上氏より14歳も若いのだ、まだまだ頭は柔らかいと。斬新な比喩をあなたなりに工夫してみてはどうでしょうか。

「会話」が生むドラマ

ところで村上氏の小説作法のなかでとりわけ僕が心に留めているのは、氏も重要視している「会話」についてです。

会話って話の展開では欠かせない要素ですし、とりわけ一人ひとりの言葉をどう受け、話をつなぐかなどは書いて初めてその苦労がわかるものなんですね。

僕は40代の頃、ノンフィクションの作品として『やすし・きよしの長い夏』（新潮社）を書き下ろしました。西川きよしさんの参院選出馬から当選を受けての横山やすしさん（1944-1996）の物言いと、それに対するきよしさんの受け方は、そのまま書けば面白おかしく流れるのですが、やすしさんとファンを称する人との間での会話は、口論から殴り合いになったりすることしばしばでしたから、互いの言葉をどうつなぐか苦労しました。

会話表現の参考に、対談の名手とされ、人間心理の洞察にたけていた吉行淳之介氏の作品を中心に、ふだんの会話でも使えそうなやりとりを書き写して研究したほどです。たとえばこんなぐあいです。

・その声がそらぞらしく響く
・その声を聞き流すふりをしていた
・そういう一言の控えめな言い方が誇らしさを露骨に示していた
・軽くあなどる口調
・この答えはかえってAの神経にさわるなと気づいて、私は口を閉じた

・すこし唇をゆがめ、鼻の先がとがったような意地の悪い顔になって
・困ったような笑いを見せて
・その言葉を聞くと、気抜けした気分になった
・冗談の口調だが、いくぶん本気のところが混じっている
・何気なくつぶやいて、その自分の言葉にうなずいた
・軽い反発の気配があった
・Aはその話題に執着した
・弱い声だが、底に強いものがある
……

いや、こうして書き写していると、きりがありません。ともあれ会話にともなうさまざまな比喩的表現をマスターしておかないと、文章の展開に苦労するのは目に見えています。

先に挙げたように、村上氏が会話の重要性を強調しているのは、そのやりとりに「反応が生まれる」からです。

いずれにしても単なるたとえを超えた比喩とでも言えばいいのでしょうか、文章術、すなわち文章表現法を学ぶうえでは、会話をどういう言葉で表すかはぜひともマスターしたいテーマでしょうね。

第3章「気づき／ひらめき」脳トレ問答集

良い文章の条件

良い文章とは何か。今さらな問いかけに思えなくもないですが、10年、いや20年この方、こう答えるのが正解とされてきました。

①自分にしか書けないことを
②だれが読んでもわかるように書く

この2つの条件を満たしたもの、だと。

1980年代に愛知県小牧市の高校の国語の先生4人が編著者となった『高校生のための文章読本』(筑摩書房)をはじめとする3冊のアンソロジーに出てくる言葉です。以後、多くの作家や評論家が紹介するにおよんで、「良い文章とは?」の「答え」として定着してきたようなんですね。

僕はこの言葉には誰も書いていない独自の気づきや、ふと頭をかすめたひらめきのある文章も当然含まれていると理解しています。

それでは具体的にどんな作品が、となるのですが、ユニークで面白い作品が数知れずあります。それらの多くは、とりわけ「気づき／ひらめき」にあふれ、表現力に富む文章が最大の特長です。

津村記久子『まぬけなこよみ』を読む

僕のおすすめは、芥川賞や直木賞などを受賞した若手、中堅作家が書いたエッセイですね。60代の読者にはもう少し上の世代の作家を、と考えてみましたが、むしろ若い作家のほうが興味を引くのでは、と思われます。

たとえば、津村記久子氏『まぬけなこよみ』(平凡社)から「秋の夜長を待ち望む」の一節を引いてみましょう。

春も悪くないけれども、忍び寄る夏の気配が恐ろしい。いやむしろ、夏はがぶり寄ると言ってもいい。夏は足音がでかいし声もでかい。夏だぞ！　暑いぞ！　照射するぞ！　むしむしもするぞ！　わしに備えろよ気を遣えよ！　捕まえるぞ！　どこに隠れても逃がさないぞ！　ぐはははは！　夏は嫌いを通り越して怖い。夏が人なら一生会いたくない。街ですれ違いそうになったら顔を伏せる。テレビに映ってもチャンネルを変える。

夏をどう表現するか。「気づき／ひらめき」をもとに頭の働かせ方がとにかく奔放でユニークなんですね。僕は表現力に感心しました。
年代的にとてもこの文章は……。そう思われる方がいるかもしれません。津村氏の30代後半のときの作品で、確かに若さが感じられる比喩表現が次々と出てきますが、70代半ばの今の僕が読んでも、その感覚に違和感は覚えませんし、何度も笑わせてもらいました。

あえて断るまでもないことでしょうが、医学の世界では暦年齢、生物学的年齢、心理的年齢の3つの基準があって、このうち一番あてにならないのが暦年齢だそうです。50歳以上の方を対象に追跡調査したところ、気持ちの持ち方次第で平均寿命以上長生きできるというデータもあるとのことです。

要は「もう年だ！」、これが老け込む最大の理由になるようですから、若い人の文章に接して同時に気分も若返りたいなら、津村氏のようなエッセイ、おすすめです。

同じ『まぬけなこよみ』から「桜の哄笑《こうしょう》」を紹介しておきましょう。

いったいどういう気の利いたお役人たちの会議があって計画されたのか、どこまで行っても桜並木のアーチがある様子は圧巻で、美しいとか素敵という言葉を超えていた。桜がありすぎて何も考えられないのだ。多幸感に近いけれども、そうとも言い切れず、よく言われているような、死を匂わせる気分とも違う。言うなれば咲きすぎて笑ってしまう感じだ。これはやりすぎやで！　とつっこみつつ、そういう、ついやりすぎてしまう感じに、心からの敬意が湧き上がる。それはなんというか、ありえないぐらいおもしろい漫才を見ている時の興奮にも似ているような気がする。

もちろん桜は本当にきれいなのだが、きれいなもの以上のスケールと心意気を持つからこそ、人を惹きつけてやまないのではないだろうか。うまくやりくりして、長くきれいでいてくれる花もあるのに、桜は短い間お互いに煽《あお》り合うようにどかんどかんと咲きまくって、その後は有無を言わせずにどんどん散っていく。そこには、泣き笑いのすがすがしさと潔さがある。あんたらアホやなあ、と思うでもめちゃくちゃ尊敬している。

川上未映子『世界クッキー』を読む

川上未映子氏の『世界クッキー』（文藝春秋）所収の「憧れ、俳句」も読ませます。

どうしてこんな自分なのか。それは宿命的なものなのか。そんな自身への疑問を、俳句の「漢字」や「定型表現」「きりっとした形式」などと俳句ができない自分との比較対照によってとらえたこのエッセイも巻をおかずに読みふけってしまいます。

川上氏は1976年、大阪生まれです。大阪弁の会話の持ち味よろしきも得て芥川賞に輝く『乳と卵』を思い浮かべると、このエッセイの面白さも倍増するんですね。

ともあれ、そのエッセイの一部です。文中に○○の箇所がありますが、あえてこの文章を深く味わっていただきたいために問答形式にしてみました。

形式というのはわたしにとって大事なことで、随筆や詩や小説に現れる文章の違いも、わたしがコントロールしているというよりは、形式がそれを要請していると感じることがある。たとえばおなじパソコンで書くときでも、ワードソフトを使うのとメールソフトを使うのでは、なんというか文章全体としての柔らかさが違うし、鉛筆で書くときはパソコンに比べてひらがなが多くなるし、消せないマジックで書くときは一文が短くなる傾向があったり、そのほかには枚数、紙質、といった全方位の様々な形式が、それぞれお好みの文体や内容を目論んでるのでは、とおもうほど、制作において形式は重要なもののような気がする。

そんなわたしは、俳句ができない。なにひとつ、○○を当てはめることができない。一緒にしてもらっては困りますよ、とお叱りを受けるかもしれませんが、俳句だけじゃなくて短歌もできない。形式は形式でも、定型のなかで何かを表現する、書いてみる、ということに手も足もでないのです。

なので新聞や、雑誌で、俳句の形式のなかで静かに呼吸している表現に出会うと、とても緊張する。あ、俳句、と思ってしまう。短歌はまだ少しだけ長いから丁々発止のあとにぺろりとした愛嬌がなくもないと感じられるけれど、それに比べて俳句はもっと壮絶な感じがして、俳句という形式からいつだって跳ね返されているような気持ちになってしまう。

そんなことをいうと、「あなたは枠の必要ない、自由な表現のできる人だからええやないの」とか言われるのだけれど、枠のないところで自由に何かを書くというのは、子どものころからみながよくやってることで、それができる人にとってはできるのであんまり魅力的なものでもなくて、ないものねだりと笑われても、決められた形式のなかでこそきらめく表現に、どうしても憧れをもってしまうのです。

活字はもともとそれだけで、とくに○○なんて、そこにあるだけで反射的に意味を口に突っ込まれるような脅迫的な、強い資質があるものだけれども、○○○○○というものはそれを含みつつ、そこからはみ出す情緒が、だからこそたまらないのだとも思う。どこまでも自由に書けてしまうものにくらべて、そこには生まれながらの拮抗が宿命的にあるのだから、緊張や壮絶を感じてしまうのは、当然なことなのだと思う。

ずらりびっしりと並んだ俳句のページを開いたときに、きりっとした形式が、そしてそのなかで何層にもわたって輝く意味が、やっぱりどきどきさせる。わたしには金輪際かかわることのできない「美しさ」が満ち満ち光をどばっと放ち、少しだけ悲しく、でも目をそらせず、いつか俳句のできる現場というものをこの目でせめて見てみたい、とかそういう感想はやっぱりどこまでも第三者的で、うまくいえないけれど、俳句には決して交われないけれど、しかしとてつもない憧れが、なぜだかどうしてもあるのでした。

問　○印に文字を入れてください。

答　言葉／漢字／定型の表現

尾崎放哉の俳句を読む

俳句とか、このあと紹介する川柳は、一句詠んで発表すれば、いきなり「読者」から「作者」になれる文芸です。ほかの分野では得難い特長ですから、五七五、おすすめです。

それに俳句には定型のない自由律俳句もあります。

手始めに、先にも紹介した尾崎放哉の句を鑑賞されてはどうでしょうか。

彼は東京帝国大学卒業後、一時通信社に入社し、その後保険会社に就職しますが、酒の上での失敗などもあって退職、40歳前に捨て寺の堂守《どうもり》となり、多くの句を残して世を去りました。41歳でした。

問　放哉の句の一部を○○にしてあります。どんな言葉が入ると思いますか？　考えてみてください。

・○をしても一人
・○○さんもたった一つよ

答　咳／お月

僕は親の影響で子どもの頃から俳句より川柳になじんでいて、近年ずっと全日本川柳協会顧問をつとめ、毎日新聞（大阪）でMBSラジオ「しあわせの五・七・五」との共催の「近藤流健康川柳」をやらせてもらっています。

投句数は年間常に5万句以上で、年々増えていますが、そのうちの良句を選んで本にして、これまで4冊出版しています。

俳句の句集も出されている俳優の冨士眞奈美さんが、そのつど「この句が好き」と葉書をくださいます。次の句は冨士さんお気に入りの作品です。

問　○○にはどんな言葉が入るのか、漢字、ひらがなにこだわらず考えてください（カッコ内は作者名）。

・ねころんで〇〇するとねてしまう（鯉口）
・「絆」だと思っていたら「〇」だった（大杉フサオ）
・おばあさんマスク取ったら〇〇〇〇（黄色いくつ）

答　体操／紐／おじいさん

「気づき／ひらめき」の結晶とも言える俳句、川柳、やってみませんか。

谷川俊太郎、まど・みちおの詩を読む

詩にもいろいろ啓発されています。言ってみれば詩人たちは「気づき／ひらめき」の天才たちですね。

谷川俊太郎氏によると、「なぞなぞ」は詩の仲間だそうですね。

『詩ってなんだろう』（ちくま文庫）で谷川氏は日本だけでなく、外国の「なぞなぞ」も

載せています。次のなぞなぞはそのうちの一つです。

問　それはへやのなかにあります　へやもそのなかにあります（トルコ）

答　かがみ

都内の小学校で開いた文章教室で答えを求めたところ、参観のお母さんの一人が子どもたちの声が上がらないのを見はからうように手を挙げて答えてくれました。言われてみれば、なるほどと思える答えですが、こういうことに気づき、文章に取り込むことができるかどうかも腕の見せどころですね。

問　谷川氏と写真家の吉村和敏氏との共著『あさ／朝』（アリス館）に収録された一文「だれよりもはやく　めをさますのは」の答え、わかりますか？（ひらがな2

文字です）

答 そら（空）

年齢に関係なく、広い視野と柔軟な心を持つことが、ハッとするような気づきをもたらすのでしょうね

まど・みちお氏（1909－2014）の『まど・みちお 人生処方詩集』（平凡社）に収められているユーモラスな詩も、すぐに「なぞなぞ」になります。

たとえば「おならはえらい」という詩なら、「でてきた とき／きちんと／あいさつ する」ものなーんだ、というぐあいに。

詩人ならではの言葉遊び、実に達者です。

たとえば「がいらいごじてん」と名付けて、「ファッション」は「はっくしょん」。「アラ モード」は「あら どうも」……といった調子です。大いに笑わせてもら

いました。

問　ミニ　スカート／ネグリジェ／ダイヤモンドを、それぞれまど氏はどんな日本語に変換していると思いますか？

答　目に　すかっと／ねぐるしいぜ／だれのもんだ

人に教えたくなるような、あるいは店頭でのキャッチフレーズにだって使えそうな言葉遊びですが、お年を感じさせない感覚にもあふれていますよね。

スマホを手放し、五感で対話する

五感を豊かにといえば、昔の唱歌「朧月夜《おぼろづきよ》」をご存じですか。

菜の花畠に　入日薄れ　見わたす山の端　霞ふかし　春風そよふく　空を見れば
夕月かかりて　におい淡し

こういう歌を昔の子どもたちは当たり前に歌っていたのです。ほかの唱歌や童謡、たとえば「春の小川」でも「こいのぼり」でも、本当に五感が歌詞に息づいています。何かの折にそんな唱歌などを耳にすると、思えば遠くへ来たもんだ、とそんな感慨にとらわれます。

今日、生身の人間の声、肉声が次々と消えていっています。病院へ電話したって、受付がすべて自動音声の指示だと、症状の説明もほとんどできません。ＡＴＭ、自動販売機も生身の人間に取って代わったものです。

メール、ゲーム、インターネット、こういうものにあふれている現実はもはや批評したり批判したって始まらないところまできています。それらが人間の社会全般に機能しているのですから。

そうだとすると、僕らはどう対応すればいいのでしょう。五感、人間が持って生まれた五感を意識的に働かせるということが必要です。

そんなわけでみなさん、少しの時間、目を閉じてみませんか。

かつて武蔵野女子大学（当時）での授業では5分間目を閉じてもらい、その感想を書いてもらいました。

「自分の体の鼓動。『生きてるんだなあ』と不思議な感覚だった。目を開けると、まぶしさや窓の外の木の緑が増えたことを感じた」

「私はふだんから視覚に頼りすぎていることがよくわかった。窓の外から聞こえてきた笑い声やチャイムの音、自分の髪が頬に触れる感触、教室のいろいろな人のまざったにおい……目を閉じてみると、ふだん意識していない感覚やいろいろなものが私の体を構成していることがわかった」

「目を閉じていたときはふだん耳を傾けないような音（上の階でだれかが歩く音とか遠くで聞こえる車の音とか）がどんどん耳に入ってきて、それらが全部頭の中で混ざり合って、奥歯でアルミホイルを噛むような気分になりました。目を開けたらいつもより空が綺麗に見えてびっくりしました」

「頬にかかる髪。少し動いただけで衣ずれの音。遠くの廊下で響く足音。音だけでその人の性別、歩く速さや様子が浮かんでくる。ときどき、風が吹いた。頭を上げると光の方向がわかった。まぶたの裏にいろいろな色」

恋人でも友人でもいいのですが、海辺を並んで歩いていると波の音が聞こえてきて、海風が潮の香りを運んできます。踏みしめる砂の感触、光、空気、音……。互いの五感が受け止めたものを共有する。すると気持ちまでともにできるんですね。

それがどこであれ、二人の時間共有性、空間共有性、人間ならではのこの感覚、貴重です。ときにはスマホを手放して自然のなかに身を置いてみてください。それだけで「気づき／ひらめき」に満ちた時間を共有できます。いいもんですよ。

毎日新聞夕刊のコラムに書いた原稿を掲載しておきましょう。自分で言うのもなんですが、テーマの内容をあれこれ説明するより、コラムの文章を読んでもらったほうがわかりやすいのでは、と思っての掲載です。

コラム 言葉と身体感覚

日本語には体の各器官の反応や動きをともなった言葉がいろいろある。

たとえば腹なら、「腹に据えかねる」「腹の皮がよじれる」、口なら「口が滑る」「口が曲がる」といったぐあいで、挙げていけばきりがない。欲しくて欲しくてたまらないときの「喉から手が出る」といった言葉などは、その語感とともに肉体の体験がどう関わってこういう言葉になったのだろう、と思わずにはいられない。

またこれらの言葉が、「口をついて出る」じゃないが、内臓の最先端部に当たる口から発せられているというのも、言葉のそもそもを考えるうえでは興味深いことだ。

僕らが口にする言葉は、幼児期の「アーノ」「ウーウ」といった音（声）から始まり、そのうち「ワンワン」「ブーブ」と擬音化される経過をたどる。頭の働きがどの段階で言語に影響をもたらしているのかはともかく、そんな幼児語もやがては目や耳など内臓系と離れた外の器官の働きを得て、言語数を増やしていったに違いない。

そう考えると、詩人の多くが身体感覚に根差すオノマトペ（擬声語・擬音語）にこだわっているのも、人間存在のそもそもに迫ろうとしてのことと理解できる。詩人の谷川俊太郎氏と和合亮一氏との対談本『にほんごの話』（青土社）では、意味以前の言葉や肉体の奥底からわいてくる言葉について、るる語られている。谷川氏はこんな話もしている。

「詩を作るときには『何を書く』というのを頭から追い出さないと駄目だ、というふうに思っています。だから、左脳をシャットダウンしてしまう。もっと脳よりも下、丹田《たんでん》で考える感じかな」

要は頭を空っぽにして、言葉がぽろっと出てくるのを待つというわけで、生身の人間の持つ言葉のリアリティにいかに執着しているかがわかる。

ついでながら、身体感覚に富んだ言葉のなかで、僕のお気に入りは「腑に落ちない」である。頭では理解できても、何か納得しがたい、得心がいかないという話はとりわけ昨今の政治家に多い。衆院選挙がいずれ近いとあって、ああも言い、こうも言い、口はいたってなめらかだが、腑に落ちる話などとんと聞かない。

まかり間違って、彼らの話が体内のどこにもひっかからず、すとんと落ちてきたりすると、胃の腑がひっくり返るのではなかろうか、と案じている。

あるときの川柳の集まりで、文中の谷川氏のお話をさせてもらったところ、この世界では名の通った川柳人が「いいことを教えていただきました。谷川さんのように『丹田で考える』を作句でやってみようと思います」とおっしゃっていました。興味深い作句法ですよね。

子ども川柳に学ぶ

「子ども川柳」の分野で全日本川柳協会は毎年作品を求めていますが、川柳を詠む子って、比喩表現もユニークです。

たとえ方など、思いもよらない言葉が出てくるので、新鮮なんですね。僕がこだわっている「気づき／ひらめき」の世界が思い切り広がっているんです。何句か紹介しておきましょう。

ふうりんがかぜにことばをおしえてる（中1）
えんぴつとけしごむまるで父と母（小5）

山々がきれいな秋に着物着て（小4）
ヨーイどん今日の自分をおっかける（小5）

子ども川柳でセミの鳴き声や滝の音の擬音語に、まいったなあと感心したことがあります。こんな表現でした。

・セミの鳴き声＝「無理無理無理無理」
・滝の落ちる音＝「うそやうそや」

川の流れる音に「さらさら」はつきものですが、豊島ミホ氏の『神田川デイズ』（角川書店）に「きゃらきゃらと笑い声のように」とあったのには感嘆しました。

でも「無理無理無理」と「うそやうそや」は驚嘆しました。

ノートに書き留めた言葉の問答集

心で感じ取ったその思いや考えをどう表現するかは、文章につきまとうテーマです。人の話や本を読んでいて出合った言葉で、これは忘れないで覚えておこう、人間として……といった自覚とともにノートに書き記した言葉が僕にはいくつかあります。

この第3章の最後に印象深いそんな言葉を思い出し、いくつか挙げてみました。○の数は字数と考えて答えてください。

問 高倉健さんがよく口にしていた言葉です。

「涙は目からではなく、○から流れ出るものなんです」

答 心

問　臨床心理学者の河合隼雄氏のエッセイ『こころの処方箋』（新潮社）で知った彼の名言です。

うそは常備薬　真実は○○

答　劇薬

問　○を消すほうがよく見えることがある

答　灯

問　説教の効果はその長さと○○○する

答　反比例

問　危機の際には〇〇が出てくる

答　生地

問　倉本聰氏の『ヒトに問う』（双葉社）に出てくる言葉です。
人が生きる、という根本事態を、金や仕事のおかげと誤認し、〇〇しているおかげであることをどっかに忘れてきてしまっている。

答　呼吸

問 同じく倉本聰氏の『ヒトに問う』に出てくる話です。かつて富良野塾で40人の塾生に、生活必需品（今、生活に欠かせないもの）を列挙してもらったところ、

1位　水
2位　火
3位　ナイフ
4位　食料

という結果が出たそうです。これを渋谷で遊ぶ同世代の若者に尋ねたら、どんな結果が出たと思いますか（漢字とカタカナで）。

1位　○
2位　○○○○
3位　○○○
4位　○

答　金／ケイタイ／テレビ／車

問　大阪の川柳結社「番傘」を率い、本格川柳の発展に尽くした川柳作家・岸本水府（1892－1965）にこんな句があります（ひらがな2文字です）。

ぬぎすてて○○が一番よいといふ

答　うち

問　詩人の長田弘氏（1939－2015）のエッセイ『小さな本の大きな世界』（クレヨンハウス）に出てくる次の言葉の2文字を考えてください。

○○こと――人にしかできないこと。人のほかにはできないこと。

答　祈る

問　精神医学者の土居健郎氏（1920-2009）の『表と裏』（弘文堂）に出てくる言葉です。

……先に建前は○○を正当化するとのべたが、この際正当性が強調されるあまり、○○自体が本人に見えなくなることが困るのである。

答　本音

問　演出家であり、文筆家でもあった久世光彦氏（1935-2006）は、山本夏彦氏との共著『昭和恋々』（清流出版）で「汽車」をこう書き出しています。

汽車にあって電車にないのは《〇〇》である。このまま行こうか戻ろうか。発車のベルが鳴っても、まだ間に合うのが汽車だった。

答　未練

問　文芸評論家・小林秀雄氏（1902－1983）は近代日本の文芸評論を確立して実にさまざまな名言を遺しています。そのいくつかを氏の『人生の鍛錬』（新潮社）から拾ってみました。

人間は他人を〇〇しようなどと思わぬ人にしか決して本当には〇〇されないものである。

人間に何かが足りないから○○は起るのではない、何かが在り過ぎるから○○が起るのだ。

答　説得／悲劇

問　村上春樹氏の『騎士団長殺し』(新潮社)にはこんな比喩表現があります。

私は雨降りを眺めるのをやめて、彼女の顔を見た。そしてあらためて思った。六年間同じ屋根の下で暮らしていても、私はこの女のことをほとんど何も理解していなかったんだと。人が毎晩のように空の○を見上げていても、○のことなんて何ひとつ理解していないのと同じように。

答　月

月は地球の衛星ですが、その地球では戦い、災い、破壊が絶えません。国連などでも、人間らしいまともな生活が危うくなる事態を懸念して、「国家の安全保障」という従来の考え方から個々の「人間の安全保障」をという声が強まっています。

先に紹介した長田弘氏のエッセイにも書かれていますが、すべての生きもののなかで「祈る」ことができるのは人間だけです。折々の散歩の際に見かける、道端の草花一つにも息づく生命をいとおしむ。そんな思いもまた祈りなんですね。

稿を閉じるにあたり、みなさんの心に留め置いてほしい話を紹介したいと思います。宇宙物理学者でNASAの上級研究員でもあった元神奈川大学長、桜井邦朋さんに以前うかがった話です。

人間は宇宙空間で奇跡が重なって誕生した存在です。奇跡というのは、太陽と地球との絶妙な距離とか、これまた絶妙な万有引力などの物理定数、さらには宇宙のビッグバンや膨張などによって万物の起源である元素がもたらされたといったことです。ですから、宇宙ができて24時間がたったとすれば、人間の歴史はたったの1秒、まだまだ進化の途中の生命体で、殺し合うなんてとんでもない。宇宙において人間に託されたものは計り知れないほど大きいのです。

以上、第3章は手元の資料から思いのまま選んだ作品や言葉が多いのですが、人それぞれの感覚の豊かさにあらためて驚かされています。

60歳になるまでに関わった人から得た言葉を、そのときの体験とともに書き留めてみる。その作業をやってみるだけでも、きっと何かを書きたくなってくるはずです。

その言葉の中に自分がいる、あるいは、その言葉に共鳴する自分とは？　などと考えているうちに、そのときの体験がいきいきと蘇り、気がついたらパソコンに向かっていた――十分あり得ることなんですね。

期待しています。

おわりに

困難に向き合う心構えも文章に

東京での夕刊編集長時代、団塊の世代の定年問題がメディアの話題になりました。夕刊でも特集ワイドという紙面で取り上げようと、とりあえず夫の定年を妻がどう受け止めているか、などをまとめてみようと取材にかかったところ、各記者から次々とネタになる話が寄せられました。

夫には現役時代と同じ電車の定期券を買い与え、昼間は外出してもらっていた。新しく自転車を買い与え、とりあえず銀座の隅々まで知り尽くすサイクリングをすすめた――などユニークなネタのほか、大阪の記者からは妻が出かける準備にかかると、「ワシも行く」と本当についてくる夫の話が寄せられ、妻たちの間では「恐怖のワシも族」という言葉がはやっているということでした。

このほか朝から夫婦喧嘩になり、夫は家を飛び出したものの、行く先は勤めていた会社の守衛室だったとか、毎朝、朝刊の死亡記事を声を上げて読む夫とか、1ページにはとても収まらない話が次々集まったものの、何か身につまされる思いがしたものです。

今やネット環境の広がりで、自らパソコンに向かう60代が増加していると聞きます。僕としては身につまされる話だけでなく、人間って面白いなあと思える話や、やってくる老いに立ち向かう気概が伝わる話などもぜひ書いてほしい、と思っています。

本書では年代を問わず、作家や詩人、エッセイストらの体験に基づく「気づき／ひらめき」の産物といえそうな作品を紹介していますが、60代の方の「気づき／ひらめき」は今後の世の空気や風潮にも少なからず影響を与えるのではないでしょうか。

この本に出てくる僕のコラムは、ほかのコラム集などに収めたものが一部ありますが、それらの本とは趣旨が異なりますので再録しました。

何やら近年の世界は戦争や環境汚染、さらにはここ数年間、コロナ禍をはじめ感染症の広がりなど、負のスパイラルにあり、重苦しいニュースに包み込まれてきました。そんな状況下、みなさんが積極的に自己変革をはかりつつ、困難にどう向き合おうとしているのかも織り込んで半生を物語っていただければ、と願っています。

最後になりましたが、幻冬舎の福島広司さんと小林駿介さんには何かとお世話になりました。深くお礼を申し上げます。

近藤勝重

本文中のコラムは毎日新聞夕刊の連載
「しあわせのトンボ」から抜粋したものを、
加筆・修正のうえ収録しました。

著者略歴

近藤勝重《こんどうかつしげ》

毎日新聞客員編集委員。

早稲田大学政治経済学部卒業後の一九六九年、毎日新聞社に入社。
論説委員、『サンデー毎日』編集長、夕刊編集長、専門編集委員などを歴任。
『毎日新聞』（大阪）の人気企画「近藤流健康川柳」や『サンデー毎日』の
「ラブYOU川柳」の選者を務め、選評コラムを書いている。
一〇万部突破のベストセラー『書くことが思いつかない人のための文章教室』、
『必ず書ける「3つが基本」の文章術』（ともに幻冬舎新書）など著書多数。
直木賞作家・桜木紫乃氏に「日本語の師匠」と呼ばれている。
長年MBS、TBSラジオの情報番組に出演する一方、
早稲田大学大学院政治学研究科のジャーナリズムコースで
「文章表現」を担当し、故・高倉健氏も聴講した。
MBSラジオ「しあわせの五・七・五」にレギュラー出演中。

幻冬舎新書 686

60歳からの文章入門
書くことで人生は変えられる

二〇二三年三月三十日 第一刷発行

著者 近藤勝重
発行人 見城 徹
編集人 小木田順子
編集者 小林駿介 福島広司
発行所 株式会社 幻冬舎
〒一五一-〇〇五一 東京都渋谷区千駄ヶ谷四-九-七
電話 〇三-五四一一-六二一一(編集)
〇三-五四一一-六二二二(営業)
公式HP https://www.gentosha.co.jp/
ブックデザイン 鈴木成一デザイン室
印刷・製本所 株式会社 光邦

Printed in Japan ISBN978-4-344-98688-6 C0295
こ-8-4

*この本に関するご意見・ご感想は、左記アンケートフォームからお寄せください。
https://www.gentosha.co.jp/e/